KB202325

인생을 건강하고
행복하게 요리하는 삶의
치유예술

자존감
요리편
10인10색 마음요리 ②

푸드표현예술치료 전문가의
'건강하고 행복한 나' 로 거듭나기 위해
자아존중감을 요리하는
마음성장 레시피

인생을 건강하고
행복하게 요리하는 삶의
치유예술

자존감
요리편

10인10색 마음요리 2

푸드표현예술치료 전문가의
'건강하고 행복한 나'로 거듭나기 위해
자아존중감을 요리하는
마음성장 레시피

한국푸드표현예술치료협회 전문가 공저

김민용 강민주 곽현숙 이경숙 이정민 최진태
한명희 한은혜 홍헬렌송귀 김지유

더로드
The Road Books

"푸놀치가 주는 평화의 세계로 초대합니다"

10인10색 마음요리 두 번째 〈자존감 요리〉편이 긴 산고 끝에 세상에 선을 보입니다. 어쩌면 보여주기엔 쑥스럽고 조금 마음쓰이는 우리들의 저 깊은 내면의 진솔한 이야기입니다. 푸드표현상담 전문가들은 건강하고 아름다운 세상을 만들어 가는데 선한 영향력을 나누고자 마음의 문을 활짝 열고 솔직하게 우리 자신의 이야기를 공개하기로 용기를 냈답니다.

역할에 충실한 모습(페르조나)을 내려놓고 자신의 본래 모습으로 홀딱 벗고 만나는 우리, 푸드표현상담 전문가들의 자전적 이야기입니다.

독자 여러분께서도 귀를 쫑긋 세우시고 따스한 눈으로 우리의 진솔한 마음을 만나주시길 바랍니다. 교통사고로 뇌를 다쳐 일상의 생활이 힘들었던 저와 푸드표현 전문가 선생님들이 함께 하며 〈10인10색 마음요리〉 1편을 쓰는 동안 교학상장이라고 모두가 모두에게 스승이 되어 우리는 마음을 뭉쳤습니다. 그리고 아름답고 고운 우리의 마음이 담긴 책이 작년 크리스마스 선물로 세상에 탄생했습니다. 그리고 이제 우리의 두 번째 마음여행 이야기인 10인10색 마음요리 2편 〈자존감 요리〉로 여러분을 초대합니다. 푸놀치가 주는 평화의 세계로요.

삶의 치유예술 푸드표현예술치료

푸드표현예술치료는 일상에서 자주 만나는 음식(FooD)재료를 사용해 오감을 자극하며 뇌를 깨우는 통합적 표현예술치료라고 볼 수 있습니다. 손과 눈, 뇌의 협응작용인 조형활동을 통해 자신도 모르게 표현되는 무의식을 만나게 되며, 의식이 확장되고 알아차림으로 자기 자신을 치유하고 성장시키는 셀프 테라피적 요소가 강한 통합적 표현예술치료의 한 분야라 할 수 있지요.
오감 중 후각(냄새)은 뇌의 시상을 거치지 않고 직접 뇌를 자극해 우리 마음을 움직이는 감각정보입니다. 음식재료를 사용하며 냄새를 통해 자극을 받고 눈으로 손으로 소리로 우리의 마음을 깨어냅니다. 보통 심리학자들은 언어가 발달하기 전인 3살 이전의 기억은 의식하지 못하나 몸(무의식)에 새겨져 있다고 말합니다. 그러한 의식하지 못하는 아주 어릴 때의 기억도 푸드표현 예술활동을 통해 깨어납니다. 때때로 우리는 자신도 모르게 후~욱 올라오는 어떤 알 수 없는 감정들을 몸을 통해 만나게 됩니다. 왜 눈물이 나는지, 왜 코끝이 시큰거리며 슬픈 마음이 드는지... 등등 푸드표현 활동을 통해 우리의 몸은 마음에게 메시지를 전하며 알아차리라고 신호를 보냅니다. 의식하지 못했었던 아주 어릴 적의 그 기억들이 우리를 힘들게 하며 우리의 지금 현재의 삶에도 영향을 미치기도 합니다. 그런 우리를 깨우기 위해 우리는 푸드표현예술치료를 통한 세상에서 가장 용기 있는 마음여행을 떠났습니다. 처음에는 푸우와 산타부부 둘이 시작을 하였지요. 그런데 이제는 15년의 시간이 지나며 푸놀치(푸드표현하고 놀면 치유의 기적이~) 마음여행에 많은 분들이 함께해 주었습니다. 삶의 치유예술인 푸놀치를 통해 일상의 삶에서 건강하고 아름다운 삶을, 선한 영향력을 나누어 주길 바라는 우리 부부와 비슷한 마음으로 홍익인간의 이념을 실천하시고자 하는 훌륭한 선생님들께서 많이 동참해 주셨습니다. 그저 감사하고 또 감사할 뿐입니다.

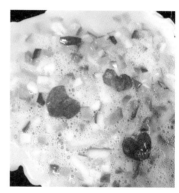

일상의 건강과 행복을 먹는 푸드표현예술치료, 희망을 먹다

푸드표현작품 속에 담겨있는 다양하고 창의적 표현을 통해 우리들 상담전문가의 삶의 지혜와 묻혀있던 내면의 깊은 이야기가 펼쳐집니다. 미성숙했기에 부모이지만 자신도 모르게 상처를 주게 된 자녀들과의 관계, 그리고 대물림된 어린 시절의 상처와 갈등, 방황하는 삶의 이야기들이 푸드표현 예술작품으로 드러나 치유되고 성장하며 나눔을 위해 펼쳐졌습니다.

인생이란 길고 긴 여정의 마라톤이라고 하지요. 긴 인생길을 가노라면 때때로 우리는 우리가 경험하지 못했던 상황과 마주하며 힘들어하기도 합니다. 때로는 부모자녀, 형제자매, 부부, 친구, 직장동료 등 사람들과의 관계 속에서 상처받고 고통스러워하며 때로는 극단적인 선택을 하기도 합니다. 그렇게 힘들기전 삶의 치유예술인 푸놀치 밥상을 마주하며 도움이 되길 바랍니다.

그래서 긴 인생길을 살아가야 하는 우리에게 천상병님의 시처럼 소풍 나온 듯 기쁘고 즐겁게 살아가는데 푸놀치가 좋은 친구가 되면 좋겠습니다. 그리고 나서 천수를 누리다가 하늘로 돌아가는 시간이 된다면 참 좋을 거 같아요.

삶의 중요한 중요한 욕구, 자존감!
스스로 경험하는 마술치료, 푸놀치!

우리는 생명을 유지하기 위해 누구나 다 음식을 먹어야 합니다. 하루 한번은 최소한의 음식을 드시는 것이 건강한 몸을 위한 생명유지의 조건이 됩니다. 이때 자신을 위한 밥상을 마주하며 자신을 위해 먹는 활동인 음식을 공급하는 것(feed)은 중요한 의미가 있습니다. 먹고 싶은 욕구가 일어나며 음식을 만들어 자신에게 공급하며 이것이 마음도 치유하는 돌봄 활동으로 연결되는 표현활동이 바로 푸드표현예술치료입니다. 자신의 몸을 위한 음식을 공급해 줄 수 있다면 자신의 마음을 돌보고 치유할 수 있는 살리는 힘도 우리 안에 들어있다고 봅니다. 자신을 돌보고 치유하는 자기돌봄과 치유의 힘은 자존감과도 연결이 됩니다.

관계치유의 전문가인 버지니아 사티어는 자아존중감(자존감)이 인생을 살아가는 데 가장 중요한 요소라고 말합니다. 버지니아 사티어는 자아존중감을 인간의 기본욕구로 간주하고, 에너지 개념으로 설명하며 자아존중감을 높이기 위한 치료기법을 개발하였지요. 사티어는 가족치료의 궁극적인 목적은 가족구성원들의 자아존중감을 높이는 것이라 하였습니다.

사티어는 기본 욕구로서의 자아존중감에 대해 자아존중을 생존의 차원에서 설명하며 자기 자신, 다른 사람, 상황을 자아존중감의 중요한 3요소로 보았습니다.

사티어가 말하는 에너지 자원으로서의 자아존중감은 자신에 대해 가지는 생각과 태도로 삶을 살아가는 데 중요하며, 지식과 감정은 에너지를 만드는 중요한 요소로서 이 에너지는 상황을 창조적, 현실적, 온정적으로 극복하게 한다고 그녀는 말합니다(2012).

저 또한 30여 년의 교육과 상담을 통해 사람들을 만나며 자존감, 즉 자아존중감은 자신을 자기답게 하며 살아 숨 쉬게 하는 삶의 중요한 핵심요소라는 생각을 합니다. 자존감은 우리 삶의 요소요소에서 늘 행동으로 드러나게 되지요. 자신이 원치 않는 상황에 갑자기 노출되어도 기분좋게 기쁨이 넘치는 경쾌한 태도로 분위기를 전환하며 자신이 만족감을 느끼며 살아가게 하는 태도, 말하고 움직이는 방식에서 자존감은 행동으로 표현되어집니다.

42.195km의 마라톤 경주를 하기 위해 선수들은 어떤 준비를 할까요? 참으로 귀하고 소중한 우리 인생의 마라톤을 위해 우리는 어떤 준비를 하고 여기까지 왔을까요? 몸을 준비하고 마음도 준비하며 마라톤 경주를 끝까지 완주하듯이 우리들 인생의 길을 위해, 진정한 어른이 되기 위해 준비하는 시간은 참으로 값지고 귀하다는 생각이 듭니다. 조금 느리게, 조금 더 천천히 출발하면 어떨까요?

우리는 어떤 모습의 삶을 살아갈 때 나답다고 느끼며 행복한가요? 우리는 언제 자기 자신이 존중받고 사랑받을 만한 가치가 있는 사람이라고 느끼며 성공과 행복을 누릴 만하다는 자기 확신이 강하게 드나요? 이 모든 것은 자존감과 관련이 있는 자기 성찰적인 질문입니다. 한 인간으로 발달해가는 과정에서 자기 정체성에 대해 분명히 알고 어른으로서의 삶을 준비하는 청소년기와 청년기를 충분히 사색하며 자기 자신과 깊은 대화를 하며 맞이해야 했었으나, 보통 우리는 대학입학을 위한 입시전쟁 속에서 그냥 오로지 공부에만 치중하는 모습으로 지나쳐오지 않았나요?

이제 성인이 되고 어른이 되어 잠시 멈춤의 시간을 가져보면 어떨까요? 자신을 돌아보며 진정 원하던 삶을, 자기인생의 주인공으로 살고 있는지 스스로에게 질문을 던져보시면 어떨까요. 푸놀치(푸드와 놀면 치유의 기적이...)와 함께...

그런 솔직한 우리들의 이야기를 10인 10색 마음요리에서 들으실 수 있습니다.

평생을 자존감을 연구한 너새니얼 브랜든 박사는 자존감에 대해 다음과 같이 정의하였지요. "나 자신의 가치와 중요성을 인식하는 것, 그리고 자기 자신을 책임지고 다른 사람들에 대해 책임감 있게 행동하려는 특성을 지니는 것(2016)."이라고요.

자존감은 마라톤처럼 긴 인생의 여정을 지나며 우리가 때로는 통과해야 하는 가파른 언덕길이나 어두운 터널 속에 있을 때 중요한 역할을 하게 되지요. 빛이 없는 깜깜한 터널을 지날 때 느껴지는 불안감이나 불확실함 같은 부정적 감정들을 어떻게 마주하고 요리해야 할까요? 이때 자존감이 높은 사람은 1%의 희망의 불씨만 있어도 99%의 어둠속 부정적 기운을 다스리며 빛을 향해 자신을 잘 조절하며 나아가게 합니다. 자존감이 높은 사람은 부정적 감정을 잘 조절하고 받아들이며 어렵고 힘든 상황에서도 일을 해결하려는 의지를 발현하여 문제해결을 위해 행동하게 하지요. 도전조차 불가능하게 보이는 어려운 일도 자신의 인생에 필요하다고 생각되면 한 걸음 더 나아가게 하는 용기를 발휘하는 태도가 자존감입니다.

삶의 치유예술인 푸드표현예술치료를 통한 10인10색 마음요리 책 2편에서는 푸드표현 상담전문가들의 자전적인 삶의 이야기들이 솔직하게 녹아 있습니다. 어렵고 힘든 세대를 살아오며 오늘날의 자랑스러운 대한민국을 이루신 존경하는 우리의 부모님들.

그들은 아프고 힘들었던 시기를 나라의 경제발전을 위해 자신과 가족을 희생하고 여기까지 오셨습니다. 그들의 헌신에 머리숙여 감사의 마음을 전합니다. 그러나 가족이라는 울타리 안에서 상처받고 소외된 어린 시절을 보내기도 했었던 우리는 많이 아팠습니다. 누구에게 털어놓기보다는 자신을 치유하고 성장시키기 위해 용기 있는 여행인 푸놀치 마음공부를 선택했습니다. 그리고 이제 자신을 둘러싼 껍질을 홀랑 벗고 독자들과 만나려 솔직한 우리들의 모습을 푸드표현 셀프저널에 담았습니다.

건강한 모습으로 미국으로 출장을 떠난 동생이 갑자기 하늘나라로 간 충격을 딛고 엄마를 돌봐드리고 있는 외유내강의 한결같은 민주님, 늘 함께 있으리라 했었던 인생의 반려자가 어느 날 갑자기 자신의 곁을 떠나간 충격을 딛고 일어선 왕언니, 백설공주님의 글 속에서 사별의 트라우마를 극복하는 마음의 힘을 만나 보세요.

친형제인줄 알았었는데 아버지의 죽음으로 알게 된 배다른 형제들과의 갈등, 그 속에서 상처받은 내면아이를 푸놀치를 통해 치유한 풀밭님은 트라우마 상담전문가 되었지요. 여자아이라는 이유로 존중받지 못한 어린 시절을 보내 낮은 자존감을 가졌었던 만월님은 푸놀치와 함께 성장하며 아픈 영혼을 치유하는 푸놀치전문가로 성장하면서 누군가의 삶에 의미를 더해주는 삶의 멘토가 되어 아름다운 삶을 설계해 가고 있지요. 심리적 아버지의 부재로 5살의 겁 많은 어린아이로 때로 퇴행하는 진태님은 사랑하는 자녀의 아버지로 남편으로 푸놀치의 꽃을 피워내시며 가족치료전문가로 근사하게 활동하고 계십니다.

그 누구도 생각하지 못했던 코로나19 상황. 갑자기 찾아온 코로나로 얼어붙은 마음을 다시 꽃피운 공부할머니의 인생 3라운드의 아름다운 비상, 엄마자격증 없이 엄마가 되었으나 엄마이기에 자녀와의 갈등을 사랑으로 극복하며 푸놀치를 통해 꿈틀~ 자신의 꿈을 다시 펼치시는 꽃피움님을 10인10색 마음요리에서 만나보세요.

한평생 자식을 위해, 가족을 위해 자신을 묻어두고 긴 시간을 살아온 홍헬렌송귀님. 홍언니의 이야기는 가슴 뭉클한 감동으로 다가옵니다.

이 모든 이야기는 치열하게 인생 마라톤을 뛰고 있는 우리 모두의 이야기이자 여러분의 이야기이기도 합니다. 일상에서 밥상

일상에서 밥상위의 심리학이자 스스로 경험하는 마법같은 치료의 세계 푸놀치 마음여행에 초대합니다!

자기답게 편안하게 즐기는 푸놀치!
내인생을 요리하는 푸놀치마음여행

우리는 각자의 인생 마라톤을 완주해야 합니다. 아무리 지치고 힘들어도 그 누구도 우리를 대신해 뛰어줄 수 없지요. 각자 자신에게 맞는 속도로 뚜벅뚜벅 자신의 인생목표를 향해 가야 합니다. 이러할 때 자신을 위한 밥상을 마주하며 맛있는 밥 한 숟가락을 뜨실 때 잠시 멈추고 몸과 마음의 조화를 위한 푸놀치 마음여행을 해보세요.

내 인생 드라마의 주인공은 나이니 자신이 쓴 각본의 주인공으로 당당하게 자기답게 편안하게 '나는 나다!' 라는 생각으로 마음요리, 인생요리를 해보세요. 내 인생을 요리하는 푸놀치 마음여행덕분에 우리 모두는 각자 인생의 대표로 우뚝 서게 될 것이라 자부합니다.

푸드표현예술치료(FEAT)를 만나 인생이 바뀌고 건강이 회복되었다는 분들을 만나면 가슴이 뿌듯해집니다. FEAT 전문가 단톡방에 일상의 바쁜 시간 잠시 멈추고 푸드표현 작품을 올려 긍정의 기운을 나누어 주시는 부지런한 선생님들께는 너무너무 감사한 마음입니다. 그분들의 창의적이고 진솔한 작품을 마주할 때면 몸도 마음도 반짝반짝 살아나며 기분이 좋아집니다. 내가 살아있음으로 해서 누군가 단 한사람이라도 행복해 지는 것이 성공이라고 말하는 에머슨의 말처럼, 다른 사람들의 삶에 기쁨과 활력을 전해주는 우리 모두는 이미 성공자가 아닐까요? 따

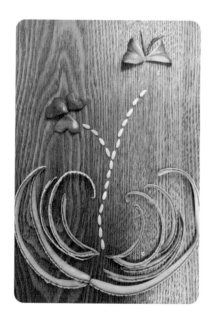

로 또 같이 선한 영향력을 나누는 분들과 함께하며 세상을 건강하고 아름답게 변화시키려는 푸놀치 마음여행을 하며 평화를 얻고 있으니 그지없이 행복합니다.

지금 이 순간의 행복열기
내 안의 창의성을 깨우다.

매일 하루에 한번 푸드표현 예술활동 속에서 스스로를 치유하고 성장시키며 당당한 자신으로 거듭나기 위한 푸놀치 셀프 테라피. 매일 밥상을 마주할 때마다 푸놀치 마음여행을 통해 우리 전문가들은 끊임없이 솟아나는 어린 시절의 상처를 보듬고 부정적 감정에 맞서 자신을 건강하고 아름답게 가꾸었습니다. 과거의 트라우마가 자신을 좀먹거나 자신이 압도당하도록 그냥 두지 않고 맞장 뜨며 용기 있는 마음여행을 하고 있지요. 우리들의 〈자존감 요리〉 이야기는 지금도 진행 중입니다.

우리들의 아름다운 마음요리 이야기로 여러분을 초대하며 푸놀치 마음여행으로도 여러분을 초대합니다. 밥상 앞에 앉아 서툴고 어색하지만 오감을 깨우며 건강한 삶을 푸놀치 마음여행으로 하루를 출발하시는 여러분을 응원하고 지지합니다. 일상에서 자신을 위한 건강밥상을 드실 때마다 푸놀치하시며 건강과 행복을 맛나게 요리해 드셔 보세요. 푸놀치 마음요리를 통해 건강하고 아름다운 100세 시대가 펼쳐질 것이라 믿습니다.

'새신을 신고 뛰어보자 팔짝~

머리가 하늘까지 닿겠네~'

라는 노래가 생각나 흥얼거리며 표현한 나의 푸드표현 작품입

니다.

볼 때마다 기분이 좋아지고 콧노래가 흥얼거려집니다.

일상에서 삶의 치유예술 푸~~놀~치~하세요~~

푸드표현하고 놀면 치유의 기적이~~

푸드표현하고 놀면 자신감이 치솟아요~~

푸드표현하고 놀면 행복이 치솟아요~~

푸드표현하고 놀면 치유의 기쁨이~~

푸드표현하고 놀면 생동감이 치솟고요~~

푸~~놀~치~

2022년 여름에...

보이지 않는 연으로 연결된 지구촌 가족에게 사랑을 전하며 저자대표

치유산타 김지유

Contents
차례

PART_6
나를 사랑하고 있습니다 – 최진태

PART_7
백설공주 콤플렉스 – 한명희

김민용

- 한국푸드표현예술치료협회 회장
- 행복열기건강가족상담센터 대표
- 창신대학교 푸드표현상담학 외래교수
- http://cafe.daum.net/k-feat
- mykim2k@hanmail.net

PART_1

● ● ●

내 인생의
살아가는 의미, 푸놀치

1. 눈물 한 방울의 의미,
   복숭아 씨앗 !
2. 창조적 존재로서의 선택과 책임

김민용
한국푸드표현예술치료협회 회장

01

눈물 한 방울의 의미,
복숭아 씨앗 !

중학생 시절, 어느 날 우연하게 읽은 한 권의 책이 내 인생을 조금씩 꼬이게 만들었다. 지금은 그 책의 제목이나 내용도 희미하게 퇴색되어 기억이 잘 나지 않는다. 그 책의 주제는 전체 또는 부분적인 것이었는지는 분명하지 않으나 '말의 허구성' 에 대한 것이었다.

당시 사춘기를 겪으며 새로운 가치관을 정립하고 미래에 대한 아름다운 꿈을 꾸던 밝은 청소년이었던 나에게 내가 하는 말들이 모두 진실이 아니고, 솔직한 이야기가 아니라는 책의 내용은 그 자체로 엄청난 충격이었다. 그 책을 통해 내가 이해했던 것은 우리가 쓰는 말들은 있는 그대로의 나를 표현한 것이 아니라 나를 좋은 사람으로 보이게 하고, 좀 더 낫게 그리고 강하게 보이려고 꾸며내는 말이라는 것이다. 참 많은 말들을 하고 살아왔는데 그것이 모두 허구였다니! 그 후 나는 학교에서 친구들과 함께 떠들며 쏟아냈던 말들을 집에 돌아와 다시 떠올려 보는 습관이 생겼다. 친구들과 아무 생각 없이 내뱉어 버렸던 수많은 말들을 하나하나 떠올릴 때마다 나는 그 책의 내용을 인정할 수밖에 없었다. 나름의 논리를 가지고 자기주장을 했던 말들은 스스로도 확신할 수 없었던 개똥철학이었고, 친구들이 해주는 칭찬에 겸손한 듯 그렇지 않다고 부정하는 말들은 위선이었으며, 나의 실수나 잘못에 대한 해명은 그야말로 속이 훤히 들여다보이는 거짓들이었다. 나의 생각을 표현한다고 했던 말들이 오히려 나의 있는 그대로를 표현하지 못하게 한 것이다.

아~~! 그때의 충격으로 나는 거짓과 위선이 가득한 말을 하기보다는 차라리 입을 다무는 편이 낫겠다는 결심을 했다. 자기 합리화로 자기를 과대 포장한 말보다는 '침묵이 금'이라는 격언을 마음에 담고 살기로 결정한 그 순간 나의 인생은 큰 변화를 가져왔다. 그 책이 나에게 준 충격으로 인해 까불며 장난꾸러기였던 나의 행동은 급격하게 돌변했다.

나의 말이 줄어들기 시작했다. 진짜 내 말이 아니라면 가능한 한 하지 않으려 하였다. 그런데 사실 어떤 게 진짜 내 말인지 확신도 서지 않았다. 그러는 사이 친한 친구들과도 나는 말수를 극도로 줄였고 점점 입을 다물어 버리기 시작했다. 나는 말없는 아이가, 아니 말을 못하는 아이가 되어가고 있었다. 말수를 줄이는 만큼 말실수는 줄었으나 점점 더 혼자가 되었고 관계는 멀어지고 고립되었다. 그 후 외로움으로 인해 나의 반짝이던 총기는 빛을 잃어갔고 밝았던 마음은 탁해져 갔다. 모든 일에서 자신감은 바닥을 치고 이제 더 이상 사람들과 관계를 맺는 것이 두려운 과제로 여겨졌다. 그렇게 나는 소심하고 자기표현을 못하는 청소년으로, 패기를 잃고 방황하는 청년으로, 그리고 사회에 적응하기 어려워하는 성인으로 변해갔다.

〈동굴 속의 나〉

대인관계에 대한 공포는 타인들에 대한 부정적 인식보다는 나 자신에 대한 못마땅함으로 다가왔다. 못난 자신에게 상처주고 스스로를 더욱 싫어하게 되는 악순환이 거듭되었다. 이런 나를 들키고 싶지 않았기에 어둡고 추운 동굴 속에 스스로를 가둬두기 시작했다.

앞의 푸드표현 작품의 제목은 '동굴 속의 나'이다. 매체는 가운데 고추장으로 '나'를 표현하였고, 주변은 다양한 나물들이다. 자신이 만든 동굴 속에 스스로를 가두고 살아왔었던 과거 나 자신의 모습을 표현하였다. 그 동굴은 나를 보호하기 위한 것이었지만 나를 자유롭지 못하게 하는 장애물이 되기도 하였다.

지금 생각해 보면 그런 상태로 직장생활 15년 긴 시간을 버텨낸 것이 나 스스로도 놀랍다. 어떻게 그 시간들을 견뎌낼 수 있었을까? 내 안의 숨어 있던 어떤 무언가가 있었던 것일까?

그리고 마흔, 불혹의 나이가 되었을 때 나는 아내의 권유로 감수성훈련 집단상담에 참여했다. 집단상담이 무엇인지조차 몰랐던 때였고, 어떻게 진행되는지에 대한 사전 지식도 없이 4박 5

일이라는 긴 시간의 과정에 참여한 것이다. 처음이라 무척이나 어색하고 낯설었다. 뭐 하나 한 것 없이 3일의 시간이 지났다. 그리고 마지막 전날, 저녁식사 후에 집단상담의 마지막 장이 열렸다. 그냥 이대로 끝나버릴지도 모른다는 조급한 마음에 먼저 나서서 '지금 이 순간'의 나의 감정을 이야기했다. "참 답답하고 화가 나네요." 그 순간 눈을 감고 있던 촉진자의 눈이 나를 향해 빛났다. "지금 많이 답답하고 불편한 모양인데 무엇이 자신을 불편하게 하는지 이야기해 줄 수 있나요?"

그때부터 내가 왜 답답함을 느끼고 있는지, 답답함을 느끼면서도 그 감정을 해소하려고 어떤 노력도 하지 못하는 자신에게 얼마나 화가 나는지를 설명하기 시작했다. 중학생 시절부터 말수가 없어지고 자기주장도 못하고 남들의 의견에 끌려 다니며 내 뜻과는 전혀 다르게 전개되는 문제들에 속수무책으로 당하고 살았던 억울함을 토로했다. 어린 시절부터 나를 드러내지 못했던 소심함과 늘 남과 비교함으로 만들어진 수줍음으로 인해 왜곡되고 그늘지어진 나의 시간들에 대한 한을 전혀 알지도 못하는 사람들 앞에서 주저리주저리 꺼내놓고 있었다.

내 이야기가 어느 정도 마무리되어 갈 때쯤 잠시의 침묵에 이어 뒤쪽에서 낮은 저음의 힘이 느껴지는 부드러운 목소리가 들렸다. "차~암 힘드셨겠네요." 순간 뭔가가 강하게 가슴을 때렸고 모든 것이 정지했다. 태풍 전야의 고요처럼, 잠시의 멈춤 뒤에 내 속에선 강렬한 감정이 휘몰아치기 시작했다. '힘들었겠다.' 는 그 말이 칼처럼 내 심장을 날카롭게 찔렀다. 강한 가슴의 통증과 함께 숨이 몰아쉬어졌다. 그리고… 세찬 폭풍처럼 눈물이 쏟아지기 시작했다. '아, 내가 정말 힘들었었구나!' 이제야, 40여 년을 살아내고 나서야 내가 나를 아주 조금 알아주고 있다니. 저수지 둑이 무너져 내리듯 순식간에 눈물이 뜨겁게 내 뺨을 타고 흘러내렸다.

눈물이 하염없이 터져 나왔다. 내 안에 이렇게나 많은 눈물이 있었던가? 너무 가슴이 아팠고 숨을 쉴 수가 없었다. 한참을 나는 가슴을 부여안고 통곡하고 있었다.

얼마나 울었을까? 주위는 조용했다. 억지로 가라앉힌 가슴은 답답하지만 서서히 제자리를 찾아가고 있었다. 많은 사람들 앞에 목 놓아 울어버린 나는 얼굴을 들 수가 없었다. 너무 창피하고 황당했다. 이럴 때 어떻게 해야 할지 나는 모르고 있었다. 그때 주변에서 한 사람씩 그런 나를 '축하한다.'고 했다. '나눠줘서 고맙다.'고 했다. '잘 버텨왔다.'고, '참 힘들었겠다.'고, 나의 말을 들으니 이제는 '시원할 것 같다.'라고. 그들은 나를 있는 그대로 보아주었다. 나를 평가하지 않고, 나를 비판하지도 않고, 나의 아픔을 위로하고 나와 함께하고 있었다.

그때가 세상에 태어나 처음으로 진정한 나를 온전히 만나는 순간이었다.
언제나 함께 있으면서도 외면당하고 무시당했던 나를 진정으로 내가 만난 것이다.
내가 정말 힘들었다는 것을 나 자신이 알아 준 내 인생의 첫 순간이었다.
누군가의 공감을 통해 내가 나를 공감하는 찬란한 빛에 눈부신 순간이었다.

이제 나는 그때 집단상담에서 경험했었던 그 '눈물의 의미'를 맛있고 창의적인 푸드표현예술치료를 통해 일상에서 되새기고 있다. 그 눈물 속에 담겨있던 나의 참 모습을 만나고 있다. 그리고 그 하나하나의 의미를 가지고 함께 하는 사람들과 만나고 있다. 이런 새로운 만남들은 나에게 심리적 치유인 카타르시스를 경험하게 해주고 있고, 나는 점점 더 자유로워지고 있다. 이젠 마주하는 눈물이 더 이상 부담스럽지도 아프지도 않다. 아니 오

히려 푸드표현예술치료를 통해 눈물을 마주할 때마다 알아가는
후련함이 깨끗해지는 시원함이 함께 한다.

그래서 나는 푸드표현예술치료와 사랑에 빠졌다. 나를 해방시
키는 친구로...

〈눈물의 의미〉

푸드표현 작품의 제목은 '눈물의 의미' 이다. 매체는 스피루리나
캡슐 속 진녹색의 가루와 흰 알약이다. 진솔한 내면과의 만남인

눈물 한 방울은 시꺼멓게 타버린 가슴 한가운데에서 영롱하게 빛나는 진주 같이 나에게 희망과 소망의 선물이 되었다.

그 눈물은 시작이었다. 그날 이후, 나는 어린 시절의 응어리들을 푸드표현예술치료를 통해 하나 하나 풀어가고 있다. 내 마음을 있는 그대로 털어놓지 못하고 늘 끙끙 앓고 있었던 가슴에 과일의 달콤한 향기와 채소의 상큼한 맛, 그리고 다양한 푸드 매체의 독특한 오감의 자극은 참으로 경이로운 세계로 나를 안내하곤 한다. 어느 날은 푸드의 친숙한 냄새에서 어머니의 냄새가 났고, 어느 날은 어린 시절 여름날 가족과 함께 즐거운 파티를 하던 기억이 떠오르기도 하였다. 또 언젠가는 즐거운 소풍의 기억이 생생하게 떠오르기도 하고, 동네 친구들과 저녁 늦은 시간까지 웃고 떠들며 놀던 추억이 소환되기도 하였다. 푸드는 늘 언제 어디서나 함께해 오던 매체로 내 삶의 일부라는 사실이 새삼 느껴지곤 한다.

지금은 나를 만나는 일이 일상 중의 하나가 되었다. 마음이 허전할 때, 또는 뭔가 가슴에 불편한 앙금이 남아 있다고 느껴질 때, 나는 예쁜 접시와 칼과 도마 그리고 내가 좋아하는 과일과 채소를 가지고 푸드표현 작품을 만든다.

먼저 상큼한 향이 나는 과일과 만난다. 탐스런 모양을 보고, 달콤한 맛을 느낀다. 껍질과 과육에서 느껴지는 촉촉한 촉감은 나를 새롭게 살아나게 한다. 과일 하나를 도마 위에 놓고 칼로 자른다. 어떻게 어느 부위를 그리고 어느 방향으로 자를지는 내 손끝이 정한다. 잘라진 단면에서 보이는 신비로운 별모양, 나무 모양, 꽃 모양 또는 만다라 문양까지 그야말로 신이 만들어 놓은 자연의 아름다움에 푸~욱 빠져든다. 이미 나는 무아지경의 행복을 경험한다. 긍정심리학의 창시자 마틴 셀리그만이 이야기하는 플로리시(Flourish, 행복의 만개)한 삶을 위해 필요한 다섯 가지 요소(긍정정서, 몰입, 관계, 의미, 성취) 중 몰입을 경험하는 순간이다.

나는 이제 푸드와 놀면서 나를 만나고, 나를 치유하고, 나를 위로하고, 새로운 나를 발견해 간다. 푸드는 이제 나의 가장 좋은 친구가 되었다. 푸드는 이제 나에겐 단지 배고픔을 채우고 몸에 필요한 영양분을 제공하는 먹거리만의 의미를 넘어 솔직하고 담담하게 '나'를 만나게 하는 소중한 매체가 되었으며, 이런 푸드와의 만남을 통해 잊고 있었던 내면의 상처를 보게 되기도 하고, 깊은 성찰의 기회를 통해 미처 의식하지 못했던 무의식적

콤플렉스를 깨닫게 되기도 한다.

이제 푸드는 나의 삶이고 '또 다른 나' 이다. 푸드표현예술치료
는 나의 꿈이다.

〈나에게 푸드표현예술치료는...〉

푸드표현 작품의 제목은 '나에게 푸드표현예술치료는....' 이다.

매체는 복숭아와 옥수수알이다. 이 작품은 접시의 문양을 활용
하여 복숭아 씨앗을 표현하였다. 세종대왕의 한글 창제를 다룬

영화 〈나랏말싸미〉의 마지막 장면에서 신미대사가 세종대왕에게 한 대사를 표현한 것이다. "복숭아 안에 씨앗이 몇 개 있는지는 누구나 알지만, 그 씨앗 속에 복숭아가 몇 개 있는지는 누구도 모릅니다." 지금 푸드표현예술치료가 많은 치료적 효과를 거두고 있지만, 그 효과 하나하나가 '푸드표현예술치료'의 씨앗이 되어 얼마나 많은 푸드표현예술치료의 열매가 맺어질지는 누구도 모를 것이다. 지금은 수천 명이 푸드표현예술치료를 통해 건강해지고 전문 상담자로 활동하고 있지만, 그 하나하나가 씨앗이 되어 전 지구촌이 건강하고 행복하게 하는데 얼마나 큰 역할을 하게 될까 기대된다.

나에게 푸드표현예술치료는 사랑이다.

왜냐하면 진정한 나를 만나게 함으로써 점점 나를 사랑하게 하는 것이기 때문이다.

햇살이다. 왜냐하면 겹겹이 싸고 살았던 나의 에고를 하나하나 벗어내게 하기 때문이다.

깨달음이다. 왜냐하면 미처 몰랐던 내 안의 소중한 '참 나'를 알아가게 하기 때문이다.

새싹이다. 왜냐하면 척박했던 내 가슴에 생명의 기운을 느끼게 하기 때문이다.

눈물이다. 왜냐하면 내 안의 감성을 자극하여 솔직한 나이게 하기 때문이다.

그리고 나에게 푸드표현예술치료는 '푸우' 이다.

왜냐하면 물에 빠진 사람이 숨을 쉬려고 물 밖으로 입을 내놓고 "푸우~ 푸우~" 하듯 내 삶을 다하여 많은 이들에게 푸드표현예술치료의 탁월한 치유적 효과를 경험하게 하고 세상 널리 알리고 싶기 때문이다.

그래서 나는 일상의 삶에서 푸놀치(푸드표현하고 놀면 치유의 기적이...) 마음여행을 하며 아름다운 삶을 맛보고 누리고 있다.

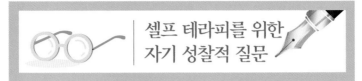

셀프 테라피를 위한
자기 성찰적 질문

1. 어린 시절 자신의 삶의 방향을 바꿔놓은 사건이 있었나요?

----

2. 그 사건에 대해 구체적인 경험(오감과 감정 등)을 떠올려 보
세요.

----

3. 그 사건이 나에게 어떤 의미였을까를 생각하며 푸드표현해
보세요.

----

4. 푸드표현을 하면서 새롭게 떠오르는 생각이나 감정을 만나 보시고 지금의 내가 그 사건을 겪은 과거의 나를 만나 어떤 이야기를 해주고 싶은지 적어 보세요.

1) 그 사건이 나에게 끼친 긍정적인 의도를 찾아보세요.

----

2) 부정적인 사건 속에서 찾은 긍정적인 의미는 무엇일까요?

----

3) 삶은 나에게 어떤 메시지를 주고 인생의 주인공으로 거듭나 길 바라고 있을까요?

----

4) 아름답게 삶을 리드하고 있는 나의 모습으로 푸놀치 마음여 행을 해보세요.

원하고 꿈꾸면 에밀 쿠에의 말처럼 삶에 기적이 펼쳐진답니다.

----

02 창조적 존재로서의 선택과 책임

그럴 때가 있었다.

한없이 높아지고 싶었던 때, 언제나 잘하고 싶었던 때.

누군가보다 더 커지고 인정받고 싶었던 때.

사람들로부터 큰 관심과 사랑을 받고 싶었던 때.

나는 그런 것들을 스스로 충족시키기 위해

하루에도 몇 번씩 성을 쌓고 부수고 다시 쌓으며 나를 확장시키려 하였다.

그래서 나는 늘 위를 올려다봤고, 완벽만이 정의인 듯 나를 몰아세웠고,

타인들과 나를 끊임없이 비교하고 또 비교하였다.

관심받기 위해 나는 행동 하나하나에 대한 사람들의 반응에 예민해져야만 했다.

그리고 나는 늘 크고 강한 것을 추구했다.

그러나 이런 것들이 내 마음을 사로잡고 있을수록 나는 점점 더 위축되는 자신을 발견할 수밖에 없었다. 위를 바라볼 때 나는 내가 낮은 곳에 있음을 깨닫게 되었고, 완벽해지고 싶은 마음은 나에게 좌절을 맛보게 했으며, 누군가보다 더 커지고 싶어 하는 마음은 시기와 질투가 징그러운 뱀처럼 내 안에서 꿈틀거리게 했다. 관심을 받고 싶어 하는 만큼 나의 행동엔 부자연스러움과 답답함이 항상 자리했다.

이런 아이러니가 있을까?
내가 강력하게 원하던 것들은 오히려 내가 바라던 것과는 전혀 다른 방향으로 나를 몰아갔다. 내가 의지를 가지고 소망하던 것과는 너무도 다른 엉뚱한 곳으로 말이다. 큰 것을 바라보는 작은 나와 강한 것을 바라보는 약한 나의 존재를 절절하게 느낄 때 그것은 늘 고통이었고, 나 자신을 열등감이라는 굴레에 가둬버리는 족쇄가 되었다.

그러나 자연 그 자체인 푸드라는 매체를 만나면서 나의 굳어 있던 마음이 조금씩 말랑말랑해져 갔다. 자연의 과일들을 만날 때 그 모양이나 색깔이나 맛이나 향 어느 것 하나 같은 것이 없었다.

그렇기에 수박을 먹을 때는 단단한 껍질 속에 소중한 듯 담겨져 있는 빨간 속살의 달콤한 맛과 시원한 수분을 만끽하고 즐긴다. 또 딸기를 먹을 때는 조금만 만져도 뭉글어지는 예민함과 함께 표면에 돋아난 씨앗들의 까칠함과 상큼한 향을 즐긴다. 채소도 쌉쌀한 맛이 매력인 곰취나물과 잘랐을 때 검붉은 즙이 흐르는 비트의 처절한 느낌이 각각 그 마다의 아름다움을 지니고 있다는 것을 알게 되었다. 그것은 서로 비교해서는 안 되는, 아니 비교할 수도 없는 독특한 창조물로서의 가치가 있음을 깨닫게 된다.

〈창조적 존재의 '나'〉

앞의 작품은 '나'라는 존재가 어느 누구로도 또 어떤 것으로도 대체될 수 없는 고유하고 독특하며 아름다운 존재라는 것을 표현한 것이다. 재료는 내가 좋아하는 두릅나물과 삶은 계란이다. 두릅나물은 맛은 쌉쌀하지만 향이 강하고, 살짝 끓는 물에 데치면 아삭거리는 식감이 너무 좋은 나물이다. 삶은 계란은 완전식품이라 할 만큼 영양소가 풍부하면서도 우리의 삶과 아주 밀접한 식품이기도 하다. 특히 기독교에서 부활을 상징하는 계란은 그 껍질에 더욱 많은 의미를 부여하게 하였다. 작품을 통해 표현한 나의 의도는 '단단한 껍질을 깨고 나와야 비로소 본래의 온전한 자신과 만나게 된다는 것. 그래야 또한 자연의 아름다움을 알아차리고 자연의 일부로 자연과 하나가 되어 본래의 가치를 만들어 갈 수 있다.'는 의미이다.

푸드 매체로 나의 내면의 마음을 표현하면서 나는 지금까지 내가 추구했던 많은 것들이 계란의 껍질처럼 온전한 나를 만나지 못하게, 진정한 세상과 하나가 되지 못하게 한 것이었다는 것을 깨닫게 되었다. 잘 하고 싶을수록 더욱 실수하게 되는 모순적 나의 모습을 발견하게 되는 것이다.

〈내 안의 또 다른 나, 쉐도우와 페르소나〉

푸드표현 작품의 제목은 '내 안의 또 다른 나, 쉐도우와 페르소나' 이다. 매체는 멜론과 블루베리 쨈, 마늘 짱아치 그리고 계란 노른자다. 어느 베이커리 카페에서 아침 식사를 마치고 남은 음식들을 이용하여 내 마음을 표현하였다. 내가 가지고 있는 다양하면서도 상반된 모습을 그렸다. 우측은 보이고 싶지 않고 감추고 싶은 내면의 원초적인 욕구들인 쉐도우를 표현하였고, 좌측은 보여지고 싶은 좋은 역할로서의 페르소나를 표현하였다.

내 안에는 전혀 다른 두 인격체가 있는 듯하다. 전혀 다른 모습의 나를 만나는 경험은 스스로에게 내면의 비판자가 되게 하였고 그런 경험들의 반복은 스스로의 가치를 떨어뜨리게 하였다. 즉 낮은 자아존중감이 만들어지게 하였다.

자아존중감(自我尊重感, Self-esteem)은 미국의 의사이자 철학자인 윌리엄 제임스가 1890년대에 처음 사용한 용어이다. 이는 자신이 사랑받을 만한 가치가 있는 소중한 존재이고 스스로를 유능한 사람이라고 믿는 마음이다. 일반적으로 사용하는 자존심과는 차별되는 의미로, 자존심은 타인과의 관계나 경쟁의 의미로 자신에 대한 긍정을 의미하지만, 자존감은 비교되지 않는 있는 그대로의 자신의 존재에 대한 긍정을 의미한다(김춘경 외, 2016).

낮은 자아존중감의 나는 성장하여 대학을 마치고 직장에 들어가서도 이중적 모습을 그대로가지고 있었다. 그런 내가 감내해야 할 사회라는 환경은 학교생활과는 달리 나에게 너무도 가혹

했다. 나는 점점 더 위축되고 본래의 나를 잃어가며 자신감도 바닥을 쳤다.

불혹의 나이를 지나 마음공부를 하며 푸드라는 매체를 만났다. 푸드표현예술치료라는 새로운 분야를 개척해 오는 과정에서 나는 나를 둘러싸고 있는 껍질들을 하나하나 만나고 벗겨내기 시작했다. 2005년 처음 푸드매체와 만나 재미있고 즐겁게만 다루던 것이 2010년 푸드표현예술치료라는 새로운 통합적 표현예술치료로서의 출발을 선언하게 되었다. 이제 10년이 넘은 지금 푸드표현예술치료라는 새로운 치료 분야의 장르로 자리잡고 발전했으며 그와 함께 나의 성장도 더불어 이루어졌다.

물론 인간이 그리 쉽게 변화하거나 혁신적으로 변화하기는 어렵다. 그러나 욕조에 빨간 잉크가 한 방울씩 떨어져도 전혀 변화가 없어 보이지만, 매일 한 방울씩 떨어졌을 때 어느 순간 욕조의 물이 붉은 기운을 띠듯 강산이 변하는 10여 년의 공부가 이제는 조금 그 색깔을 내는 것 같다.

이제 나는 나의 환경을 만들어 갈 수 있는 힘이 있고 또한 책임도 함께 가지고 있다. 따라서 지금 나의 자아존중감은 내가 만들어 갈 수 있다고 믿는다. 어린 시절은 내가 원하던 원하지 않던 주어진 환경에 영향을 받으며 살아야 했지만, 이제 그 키는 내 손에 쥐어져 있다.

〈선택의 힘〉

푸드표현 작품의 제목은 '선택의 힘'이다. 매체는 멜론과 연근, 오이 조각, 머스타드 소스와 계란 노른자, 요거트와 블루베리 쨈 그리고 빵 부스러기다. 아침 식사 후 남은 재료로 표현한 작품이다. 좌든 우든 이젠 나 자신의 부릅뜬 눈 같은 가치관을 가지고 스스로의 길을 선택하고 그 선택에 대한 책임을 지는 당당함이 필요하다는 것을 표현하였다.

어린 시절은 주변 환경에서 하는 나에 대한 평가를 내사함으로써 나의 자아존중감이 형성되어 왔다면, 이제는 그 평가마저도 내가 선택할 수 있다는 것을 안다. 어린 시절 그리고 지금까지 누군가 나에게 하는 평가로 인해 나 스스로에 대한 소중함이 변질되어 왔다면, 이제는 그 어떤 평가에 대해서도 손상되지 않는, 손상될 수 없는 존엄을 가지고 있는 것이 나란 존재임을 인정할 수 있다. 물론 나의 행동에 대한 그리고 그 결과에 대한 평가는 달게 받는 겸손이 필요하다. 그렇다고 해서, 내가 한 실수나 실패로 인해서 나의 존재에 대한 가치는 털끝만큼도 변함이 없음을 또한 받아들일 수 있어야 한다.

사티어는 자존감이 높은 사람들의 특징에 대해 "자기에 대한 인식이 분명하고, 자신을 긍정적으로 평가하며, 내적 일관성을 가지고 있기 때문에 외부 환경이나 다른 사람들의 평가에 흔들이지 않는다."라고 했다. 반면 자존감이 낮은 사람들의 특징에 대해서는 "자기를 솔직하게 드러내기를 두려워하고, 외부 환경의 변화에 큰 영향을 받고 쉽게 좌절하며, 자신감이 부족하여 결정을 내리는 것을 무척 어려워한다(2000)."고 하였다.

이제 나는 이순의 나이를 지나며 어린 시절 꿈 많고, 장난기 넘치는 맑은 나로 돌아가려고 한다. 실수와 실패가 끊이지 않더라도 자신을 꾸짖지 않고, 나를 수용하고 지지하며 내 안의 평온함을 유지하는 담담한 나로 살고 싶다. 나는 '나' 임을 받아들이고, 그는 '그' 임을 인정하고, 그것은 '그것' 임을 수용하면서 온 세상과 하나가 되어 평화롭게 살고 싶다.

내 인생의 주인공이 되어 본래 그대로의 창조적이고 자유로운 나로~

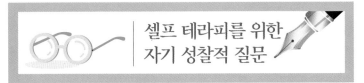

셀프 테라피를 위한
자기 성찰적 질문

1. 자신이 알고 있는 나와 타인들에게 보여지는 나를 생각해
   보세요.

   비슷한가요? 아니면 많이 다른가요?

   ----

2. 자신의 내면의 원초적인 욕구는 무엇인가요?

   ----

3. 자신의 사회적 역할로서의 기대하는 모습은 어떤 것인가요?

   ----

4. 자신이 생각하는 본래의 자신은 어떤 존재일까요?

   ----

5. 환경의 영향을 받지 않은 순수한 '참 나'를 푸드표현 작품
으로 만들어 보세요.

----

6. 잠시 눈을 감고 자신이 얼마나 소중하고 아름다운 존재인지
를 느껴보세요.

마음속으로 느껴지는 아름다운 존재의 나, 스스로가 존귀한
존재임을 새롭게 깨닫는 기회를 가져보세요.

– 여러분은 실제 온 우주와 연결되어 있는 그 누구보다도 귀한
존재입니다.

강민주

- 철학박사(상담심리 전공)
- 한국푸드표현예술치료협회 이사, 경기남지부장
- 경기남부스마트쉼센터 강사 및 상담사
- 다원심리상담교육센터 전문상담사
- 힐러스협동조합 이사, 전문상담사
- E-mail: klsh0519@hanmail.net

PART_2

● ● ●

겨울을 견디고
봄을 기다리며

1. 감정을 알아주자 자신감이 생겼어요
2. 이 모습이 나여서 참 다행이다.
3. 엄마의 싸리문은 휴업 중

강민주
철학박사(상담심리 전공)

01

감정을 알아주자
자신감이 생겼어요

나는 종종 우리가 인생을 살아가면서 자신이 원하는 대로 인생을 펼쳐갈 수 있도록 훈련을 하고, 실수를 마음대로 안전하게 할 수 있는 실험의 장이 있으면 좋겠다는 생각을 하곤 했다. 상담전문가가 되고 청소년, 성인의 집단상담을 진행하는 촉진자로서 일상도 우리의 일상도 집단상담의 장처럼 서로 이해하고 수용하는 안전한 장이 되길 바래본다.

내가 좋아하는 얄롬은 정신과 의사이자 스탠퍼드 대학교 교수이다. 그는 실존적 고뇌에 관한 심리치료의 대가이며, 실존주의 심리치료에 대한 여러 가지 소설을 쓴 작가이기도 하다. 그의 책 〈쇼펜하우어, 집단심리치료〉에는 집단상담에 참여하는 사람들이 공통적으로 경험하는 인생의 어려움은 관계에서 온다고 한다. 집단심리치료에 참석한 사람들은 집단원 누군가의 고백을 통해 자신도 그런 실수와 아픔이 있음을 고백하며 서로를 이해하고 용서해 주는 경험(2006)을 통해 치유되어 간다.

소설에서처럼 실제 삶의 현장에서 우리가 큰 실수를 해도 안전하게 이해를 받고 공감을 받을 수 있는 집단 상담과 같은 장이 마련된다면 인생도 조금은 더 힘이 나고 살만하지 않을까 싶다. 그래서 자존감이 향상되고, 자존감이 향상되고, 어떤 상황에서도 자신감을 잃지 않는 힘을 가지면 서로 경쟁하는 인간관계 안에서 실수를 하더라도 자기 안의 회복력을 잘 발휘할 수 있다. 우리 삶에서 좋은 사람들과의 관계는 삶을 참 풍요롭게 한다. 좋은 관계 속에서 우리는 서로 건강한 기능을 하며 서로를 깊이 알아가고 이해할 수 있다. 좋은 만남을 유지하게 되는 것에서 더 나아가 그것은 건강하고 아름다운 삶을 영위해 가는 데 소중하고 중요한 의미를 지닌다. 살다 보면 누구나 실수를 하게 되고, 우리는 실수를 통해 배우고 성장하게 된다. 누군가의 실수와 실패의 경험을 따스한 배려의 눈으로 보듬어 주는 자비의 마음이 우리 사회에 펼쳐지게 되면 코로나로 인해 불안해하고 있는 우리 사회가 조금 더 아름다운 공동체로 함께하게 되지 않을까 한다.

얼마 전 중학생들과 푸드표현 집단상담 활동을 가졌다. 어른이 되어가는 좌충우돌 청소년기의 아이들에게 집단상담은 특히 의미 있는 시간이 될 수 있다. 아이들은 처음 참여하는 집단활동이지만, 일상적인 생활 속에서 느낀 감정이 무엇인지 질문하고 탐색하다 보면 자기성찰의 시간을 가질 수 있다. 특히 감정표현에 서툰 우리나라에서는 집단상담이 감정을 표현하는 안전한 훈련의 장이 될 수 있으며, 청소년들이 자기감정을 이해하고 자신을 성찰하는 시간을 가지는 훈련과 연습의 장이 되는 중요한 시간이라 생각한다.

우리가 감정을 만나려면 자신의 내면과 마주하는 시간을 가져야 한다. 감정의 수직 분석과 수평 분석을 통해 자신을 들여다보고 어떤 감정이 있는지 알아야 한다. 그러다 보면 당연히 감정을 알아차림 할 수 있는 기회가 많아져 자신의 감정이 잘 머물다 갈 수 있도록 스스로를 다독이며 돌봐줄 수 있다. 하루에도 몇 번씩 찾아오는 감정의 폭풍 속에서 감정을 들여다보지 않고 외면하고 부정한다면 자신이 하고자 하는 것이 무엇인지 발견하기 쉽지 않고 행동을 스스로 결정하는 것 또한 힘들어지게 된다.

우리가 자신의 감정을 들여다보는 것에 미숙하고 솔직하게 표현하는 것을 힘들어하는 것은 자신의 감정을 솔직하게 표현하는 것이 버릇없는 행동이라는 사회, 문화적인 영향이 컸던 것 같다. 감정을 들여다보고 살피는 방법에 대한 교육도 이루어지지 않았고, 자신의 감정과 충분한 만남을 통해 이해할 기회와 시간도 없었던 것 같다. 그리고 주변에서 사람들이 자신의 감정을 솔직하게 표현하는 것을 지켜볼 기회도 없었기 때문이다. 삶을 살아가는 데 있어 우리가 현실에서 일어날 수 있는 사건, 사고에 대응하고 필요한 행동을 할 수 있도록 도와주는 것이 감정이다. 감정은 우리가 마음을 열어 주변환경과 장애 없이 소통하고 자신에게 유리하게 결정할 수 있도록 상황을 이끌어 준다.

우리는 지금까지 자신의 감정을 들여다보는 것보다는 통제하고 억압하는 데 익숙하여 감정을 잘 모르는 경우가 많다. 대부분의 사람들은 타인의 감정은 알아주고 이해하고자 노력하며 신경을 쓰지만, 정작 자신을 찾아온 감정은 거부하고 알아주려 노력하지 않는다. 그래서 스트레스를 증폭시키게 되고, 관계에도 부정적인 영향을 미치게 된다. 사실 타인의 감정을 들여다보고 이해하기 위해서는 자신에게 찾아온 감정을 만나서 알아줄 수 있어야 가능하다. 자신의 감정을 이해하는 것이 스스로를 존중하는 것이고 자신감을 키울 수 있는 하나의 방법이기 때문이다.

중학생들과의 집단활동 시간이었다. 오늘 자신의 감정, 또는 한

주 동안 자신에게 많이 찾아와 준 감정이 있다면 어떤 감정이 있는지 발표하는 과정에서 한 학생이 '미안함' 이라는 감정에 대해 표현하였다.

"오늘 저는 학교에 오는 것이 귀찮고 싫었어요. 일찍 일어나지 못해 급하게 등교해야 하는 상황에서 저에게 아침을 먹을 기회를 주지 못해 저 자신에게 미안한 마음이 들었어요."

"어머나~ 00야, 참 기특하고 대견한 생각을 했구나. 네 말을 듣고 보니 선생님도 바쁘다는 핑계로 식사를 거를 때가 종종 있었는데 반성하게 되네."

자신에게 미안한 마음을 표현하며 알아차린 학생에게 칭찬과 함께 앞으로도 자신의 감정에 관심을 가지고 잘 살필 수 있도록 지지하였다. 집단활동에 참여한 다른 친구들과 일상생활에서 자신에게 미안하고 고마운 부분을 생각해보고 함께 나누는 시간을 가져 보았다.

나는 하루를 돌아보며 상담자로서의 성장과 자기 돌봄을 위한 셀프 수퍼비전의 시간을 가졌다. 집단활동 시간을 떠올리며 상담

전문가로서의 나와 상담 전문가가 아닌 나에게 평소 감정을 얼마나 잘 챙겨 주고 있을까 하는 질문을 해보았다. 평상시 바쁘다는 핑계로 스스로를 잘 챙겨 주지 못했던 부분이 떠올라 나 자신에게 미안한 마음이 있다는 것을 알 수 있었다. 미안한 마음을 어떻게 해주고 싶은지 스스로에게 질문하고 표현해 보았다.

〈미안한 마음〉 〈고마운 마음〉

평소 자신의 감정에 관심을 가지고 알아주지 못해 미안한 마음을 표현했을 때는 자신이 작아지는 것 같고, 스스로에게 잘못했다는 생각이 들어 불편함이 찾아왔다. 다시 웃는 얼굴을 표현하며 나의 감정을 알아주지 못한 미안함도 있지만, 마음을 알아주었던 고마운 마음도 있다는 것을 알게 되었다. 작품에 작은 변화를 주자 기분이 좋아지고 변화가 일어난 것 같아 큰 만족감을 경험할 수 있었다.

나에겐 어린 시절 형성되어 자신에게만 들이밀었던 엄격한 규칙들이 있었던 것 같다. 아버지는 성격이 강하고 정확한 것을 좋아하는 분이셨다. 그 영향은 내가 삶을 살아가는 데 있어 많은 부분에서 규칙과 정확성을 핑계로 감정을 억압하고 외면하는 행동들을 지속하게 하여 스스로 자신감을 바닥으로 끌어내리는 상황들을 만들었다. 자신을 찾아온 감정을 거부하지 않고 알아차리는 것은 어려운 일이다. 그것은 자신의 감정을 들여다보고 만나 주어야 한다는 것을 알지도 못했고, 어느 누구에게도 배우지도 못했기 때문이다.

나의 감정을 이해하고 관찰할 기회가 없었기에 감정을 바라보는 것이 어려웠다. 그런데 푸·놀·치 활동으로 매체를 만지고 자르며 재료 자체가 가지고 있는 다양한 모습들을 바라보고 표현한 작품들을 감상하며 규칙과 틀에서 벗어나지 않으려는 나의 모습을 벗어나지 않으려는 모습을 알아차릴 수 있었다. 표현하며 규칙을 어기고 싶다는 생각을 하게 되었고, 더 나아가 매체를 조금씩 삐딱하게 놓으며 불안한 마음도 있었지만, 왠지 마음이 시원하고 가벼워지는 것을 느낄 수 있었다.

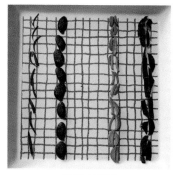

〈줄을 서야지〉

정확하고 확실한 모습을 가지고 삶을
살아야 하고 흐트러진 모습과 감정을
표현하며 사는 것은 나약하다고 생각했
던 모습.

〈삐딱해도 괜찮아〉

실수해도 괜찮아!!!
답답하면 삐딱하게 행동해도 괜찮아!!!
너의 감정을 표현해도 괜찮아

〈자동폭발〉

모두 모두 즐겁게, 그 모습이 참 좋다.

작품을 바라보며 아직도 무엇인지 모르겠지만 답답함이 남아
있다는 생각이 들었다. 갑자기 자신도 모르게 손이 재료들을 마
구 휘졌고 있었다. 예전 같으면 여러 가지 재료들이 뒤엉켜 있

는 모습이 불편하고 힘들었을 텐데, 그것을 바라보고 있는 마음이 조금은 가벼워지고 홀가분해졌다. 아마도 내 안에 실타래처럼 엉켜져 있었던 감정들을 조금씩 바라봐 주고 그 감정을 알아주었기 때문일 것이라는 생각이 들었다. 자신의 감정을 제대로 관찰하고 인정하는 것이 자신을 존중하는 것이고, 이것은 자신감을 키울 수 있는 하나의 방법이다. 자신의 감정을 알아주는 것을 통해 행복한 삶으로 한 발자국 내딛게 되는 것 같다.

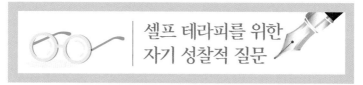

셀프 테라피를 위한
자기 성찰적 질문

1. 자신을 찾아온 어떤 감정들이 있었나요?

   찾아온 감정을 거부하거나 그 감정과 만나는 경험이 있었
   나요?

   ----

2. 자신을 찾아온 감정을 만나 주었을 때 나에게 일어난 반응
   은 무엇이었나요?

   ----

3. 자신의 감정을 허용하고 인정하여 받아들인다면 삶에 어떤
   변화가 있을까요?

이 모습이 나여서
참 다행이다

차츰차츰 곱게 단풍 물드는 잎들을

멀뚱멀뚱 쳐다보지만 말자.

저 많은 잎들은 빠짐없이 생의 절정으로 가는데

나는 이게 뭐냐고 기죽고 슬퍼하지 말자.

한 하늘 하나의 태양 아래 또 같은 비바람 찬 이슬 맞으며

지금껏 하루하루 살아온 나무와 나의 삶인 것을.

이제 고운 빛 띠어 가는 나무의 한 생이라면

내 가슴 내 영혼 또한 아름다운 빛으로 물들어 가리.

- 정연복 시인의 단풍과 나 -

한 해를 마무리해 가는 11월 "책을 함께 쓰자"는 제안을 받고 여러 가지 생각으로 머리가 복잡했다. 복잡하게 돌아가는 생각들을 멈추고 싶은 마음으로 집 근처 공원을 산책했다. 산책길에서 곱게 물들었지만 벌레가 먹은 단풍잎, 작고 병든 단풍잎들이 나뒹구는 모습을 보며 지금까지 살아오며 가지고 있었던 나의 모습과 닮아있다는 것을 알 수 있었다. 나는 만들고 표현하는 것에 재능이 없다는 생각을 많이 하며 살아왔다. 학창시절 미술 시간이나 가정시간에 선생님이 내주는 숙제는 스스로를 작게 만들곤 했다. 무엇인가 만들고 표현해야 하는 상황에서 부족하다는 생각으로 스스로를 기죽이며 슬프게 했다. 뜨개질은 계속해서 코를 빠트리고, 그림은 어떻게 시작해야 하는지 몰라 항상 그림을 잘 그리는 친구 또는 뜨개질을 잘하는 친구에게 부탁해 숙제를 해결했기 때문이다.

정연복 시인은 이렇게 표현하였다 "나는 이게 뭐냐고 기죽고 슬퍼하지 말자." 그런데 사람들은 종종 자신의 모습에 기죽어 슬퍼하는 것 같다. 우리는 자신 안에 숨겨진 장점을 몰라 새로운 무엇인가를 해야 하는 상황에서 '난 못해!', '난 안될 거야!' 라며 자신의 모습을 거부하며 분노, 슬픔, 수치심, 억울함 등의 감정을 경험하게 된다. 이런 경험은 우리에게 두 가지의 선택을 하게 한다. 하나는 자신이 부족하다는 생각으로 슬픈 감정과 기죽어 있는 모습을 털어버리는 것이다. 둘째는 생각을 붙들고 계속해서 힘들어하는 것이다. 자신의 실수 또는 부족한 부분을 인정하고 그 부분에 대해 생각을 그만하고 털어버리자고 다짐하고 또 다짐하지만 대부분 그렇게 하는 것이 쉽지 않다.

〈나오고 싶어요〉

〈용기가 필요해〉

위의 푸드표현은 스스로가 부족하고 못난 부분이 많다고 생각해 낮은 자존감으로 힘들어하는 중년여성의 작품이다. 이분은 10년 이상 남자친구와 헤어졌다 만났다를 반복하고 있다. 이 상황은 자신이 부족해 남자친구에게 의존할 수밖에 없다는 생각 때문에 만나는 것 같다고 한다. 첫 작품은 홍시와 시금치를 가지고 놀며 시작했다. 홍시에 시금치를 넣으며 자신이 부족하고 할 수 있는 것이 없다는 생각으로 스스로를 가두고 있다는 것을 알게 되어 그곳에서 나오고 싶지만 아직은 방법을 모르겠다고 하였다. 첫 작품에 사용한 홍시의 씨를 중앙에 놓으며, 복잡한 상황을 풀기 위해서는 감에서 씨를 분리한 것처럼 남자친구와 자신의 정서적인 분리가 필요하다는 것과 자신의 의견과 감정을 정확하게 표현할 수 있는 용기가 필요하다는 것도 알게 되었다고 하였다.

자존감이 낮은 사람들은 자신의 모습을 지긋지긋하다고 생각하거나 쓸모없다는 생각을 반복해서 하는 경향이 있다. "다람쥐 쳇바퀴 돌아가듯이 결코 멈추지 못하는 상황을 만들 것이다."라고 생각하는 자신을 알아차려 심리적인 불균형이 변화되어야 한다고 한다.

나 또한 무엇인가를 표현해야 하는 상황에서 "나는 못해!", "나는 왜 이렇게 창의적이지 못하지!", "저 사람은 어떻게 저런 생각과 표현을 할 수 있을까?"라는 생각을 계속해서 하고 있었다. 스스로 잘하지 못한다는 사실에 불편감과 열등감으로 자신을 받아들이지 못하고 있었기 때문이다. 그런데 푸·놀·치 활동을 계속하며 내 안에 숨겨져 빛을 발하지 못했던 창의적인 자원을 찾아낼 수 있었다. 그것은 내가 가지고 있었던 '나는 할 수 없다' 라는 스스로에 대한 부정적인 시선을 바꿔주는 기회가 되며 달라지기 시작했다.

〈내 안의 자원을 찾았다〉

지금까지 내가 가지고 있었던 '난 못해', '난 안돼' 라는 생각에서 시선을 조금 옆으로 돌리자 변화가 일어나기 시작했다. 그림을 못 그리고 창의성이 부족하다는 것을 인정하며 다른 사람의 멋진 그림과 창의적인 표현을 있는 그대로 바라볼 수 있게 되었다. 예전처럼 기죽지 않고 슬퍼하지 않게 되면서 그냥 내 모습 그대로를 받아들일 수 있었다. 그림을 못 그리지만, 이제는 불평하거나 기죽어 있지 않고 계속해서 노력하고 있다. 그러자 내가 표현한 작품을 바라보는 주변의 반응이 달라지고 있었다. "지금까지 노력한 것이 장난은 아니었나 봐"라는 말을 자주 들을 수 있는데 아마도 이 말은 내가 창의적으로 표현하고 있으며 긍정적으로 성장하고 있다는 증거라고 본다.

정연복 시인은 "내 가슴 내 영혼 또한 아름다운 빛으로 물들어 가리"라는 구절로 시를 마무리한다. 나도 내가 가진 '못한다' 는, '나는 안된다' 는 생각이 만들어 낸 불편함과 열등감을 인정하고 받아들여, 부족하고 실수하는 모습을 있는 그대로 바라보고 기다려 주며 내 가슴과 영혼을 아름다운 빛으로 물들여 가고 있는 것 같아 나는 지금 이 모습이 나여서 참 다행이다.

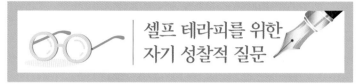

셀프 테라피를 위한
자기 성찰적 질문

1. 자신의 모습에서 허용이 안되거나 받아들이지 못하고 있는
   부분이 있다면 무엇인가요?

   1) 자신이 보고 싶지 않은 자신의 모습이 있을까요?

   ----

   2) 예쁘게 보이지 않는 내 안의 내 모습이 있다면 어떻게 예쁜
   모습으로 변화시킬 수 있을까요?

   ----

2. 자신을 있는 그대로 받아들인다면 어떤 변화가 일어날까요?

03 엄마의 싸리문은 휴업 중

인간은 누구나 다 죽는다. 그러나 준비되지 않은 죽음은 우리에게 마른하늘에 날벼락이 되어 극심한 정신적 충격을 준다. 엄마에게 갑자기 찾아온 사랑하는 둘째 아들의 죽음. 내 남동생이 갑자기 세상을 떠났다. 우리 가족에게는 허리케인급 벼락이 떨어진 것으로, 이 상황을 어떻게 해결하는 것이 좋을지 머리가 뒤죽박죽으로 엉켜버려 생각이 떠오르지 않았다. 자식을 잃은 엄마의 아픔이 제일 클 것이라는 생각이 들었다. 엄마가 받을 충격을 최소한으로 줄이는 방법은 시간이 자유로운 내가 엄마 곁에 있어드리는 것이었다. 엄마의 부재로 보살핌을 받지 못하는 나의 아이들과 충분하게 소통할 수 있는 시간을 가졌다.

나는 중학교를 졸업하고 고향을 떠나 계속 생활하고 있다. 가끔 엄마를 보러 오지만 바쁘다는 핑계로 이곳에 오래 머물지는 못했다. 그런데 아마도 이번 겨울은 이곳에서 겨울나기를 해야 할 것 같다. 우리 가족에게 이번 겨울은 서로가 버팀목이 되어 따뜻한 난로 같은 역할을 해야 긴 겨울을 버티고 봄을 맞을 수 있을 것으로 생각해서다. 우리의 삶이 한결같은 봄이라면 지금 내가 살아가고 있는 삶이 봄이라는 것을 모를 것이다.

겨울이라는 단어는 듣기만 해도 벌써 몸을 움츠리게 하고, 힘들고 어렵다는 생각이 먼저 떠오르기 때문에 싫다는 말이 절로 나온다. 하지만 겨울이 아무리 춥고 고통을 준다 하더라도 우리에게 반드시 봄은 찾아온다. 그리고 봄이 온다는 믿음이 있어 힘들고 어려운 삶을 이겨내며 살아갈 수 있다. 우리 가족 또한 지금은 아프고 힘든 겨울이지만, 이 겨울을 잘 보내고 나면 봄은 우리 가족에게 미소를 지으며 마음의 문을 열어줄 것이다.

자식들이 모두 각자의 삶으로 떠난 뒤 엄마는 그동안 많은 것들을 혼자서 해결하며 말없이 지내고 계셨던 것 같다. 가끔 오는 자식들이 힘들까 봐 자신이 손수 하시던 농사일들을 이제는 하고 싶지 않으시는 것 같다. 엄마는 해가 넘어갈 때쯤 되면 "싸리문 닫고 오거라!" 하신다. 해가 졌으니 엄마의 집을 방문하지 말라는 의미라고 하신다. 그리고 밤새도록 이리저리 뒤척이며 주무시지 못하지만, 어슴프레 새벽이 밝아오면 다시 나를 부르신다. "싸리문 열어 놓고 와!" 하신다. 마을 사람들에게 밤사이 엄마에게 아무 일도 없었다는 것을 알리고, 다른 사람들이 우리 집을 방문해 주기를 바라는 마음으로 싸리문을 여는 것이라고 하셨다.

〈버려진 것들〉   〈괜찮아 웃어보자!!!〉

우리 엄마가 살아가시는 삶의 지혜는 참 깊고 많은 생각을 하게 한다. 엄마가 싸리문을 열고 닫으며 마음의 문을 열 준비를 할 수 있었던 이유는 긴 시간 시골 생활을 하시며 자연으로부터 많은 것을 배웠기 때문인 것 같다. 가을걷이를 마친 들판에 남겨진, 아니 버려진 호박, 배추 등을 보며 우리의 삶 속에서 누군가로부터 버림받았던 마음의 상처 또는 자기 스스로 준 마음의 상처가 흔적들처럼 다가왔다. 자연은 버려진 것들이 스스로 다시 하나가 될 수 있도록 기다려주는 넉넉함과 여유를 가지고 있다. 그러나 우리에게는 그런 여유가 없이 빨리 회복하고 편해지길

원한다. 상처받고 외면한 나의 마음을 바라보듯, 들녘에 있는 호박과 배추를 가지고 들어와 여유를 가지고 정성 들여 닦아주고 활짝 웃을 수 있도록 표현해 보았다. 지금까지 나는 아픈 마음을 바라보고 만나려는 용기가 없었던 것 같다. 우리의 상처받고 버려진 마음도 닦아주고 서로 바라봐 주는 여유를 가진다면 하나가 되어 상처는 아물어 갈 수 있을 것이다.

사람들은 대부분 자신의 마음에 난 상처 치유를 위해 마음을 들여다보는 것을 힘들어한다. 자신의 마음에 난 상처를 들여다보는 것은 상처를 덧나게 할 수 있다는 생각과 스스로를 나약하게 만들 수 있다는 생각 때문일 수 있다. Kabat-Zinn(1998)은 치유는 순간순간 자신의 내면과 만나 조화로운 마음, 몸, 영혼의 에너지가 하나가 되어 이완되는 경험을 통해 집착을 내려놓고 자기와 하나 되는 과정이라고 하였다. 엄마는 지금까지 살아오며 힘들고 아팠던 상처를 치유하는 방법으로, 자신이 살아있음을 알리는 동시에 누군가 찾아오면 이야기를 듣고 자신의 이야기를 하겠다는 의미로 싸리문을 열어두는 일을 매일매일 하고 계셨던 것이다. 이렇게 되기까지 아마도 많은 시간 겨울을 견디고 봄을 맞이하셨기 때문일 것이다.

〈바람이 되어〉

〈꽃으로 다시 태어나다〉

자식을 먼저 떠나보낸 엄마의 깊은 상처를 만나게 해주고 싶었다. 〈천 개의 바람이 되어〉라는 노래를 먼저 들려드린 후 노래가 전해주고 싶은 의미를 설명해드렸다. 〈바람이 되어〉작품을 표현하시면서 마음이 너무 무겁고 답답해서 죽겠다며 약간의 짜증 섞인 어투로 화를 내셨다. 그러나 잠시 후 위치가 마음에 안 든다며 방향과 위치를 변경하는 적극적인 모습을 보이셨다. 나는 싫다고 하면서도 자신의 감정을 들여다보는 엄마의 힘든 마음을 위로하고 인정해드리고 싶었다.

"엄마, 마음이 답답하고 힘든 것은 당연해요. 그 감정을 온전히 느끼고 만나 보세요."

엄마는 지금 자식을 먼저 보낸 아프고 힘든 마음을 조금은 밀어 놓고 계신 것 같다. 옆에 있는 또 다른 자식이 그 모습을 보고 아파할 것을 염려해 엄마의 아픈 마음을 만나 다독여 주는 시간을 말이다.

평소 꽃을 좋아하는 엄마의 마당은 봄이 오면 온통 꽃밭으로 변한다. 지금 엄마의 마음이 꽁꽁 얼어붙어 있는 것처럼 엄마의 마당도 꽁꽁 얼어있다. 꽃을 좋아하는 엄마는 평소 자신이 사랑과 정성을 들여 키우는 꽃처럼 사랑하는 아들이 다시 꽃으로 태어나기를 바라는 마음이 있으신 것 같다. 작품으로 꽃을 표현하며 엄마는 이렇게 말씀하셨다.

　"신기하다. 이렇게 하니까 마음이 답답하지 않고 편하네. 정말
　이상하다, 민주야."

자식을 생각하며 만든 꽃이 마음에 들어 계속해서 '이쁘다', '좋다'는 표현을 하자 힘도 없고 무표정이던 엄마의 표정이 조금씩 밝아지고, 긴장감으로 굳어 있던 몸도 이완되는 모습을 볼 수 있었다. 엄마가 살아온 시대와 환경은 자신의 감정을 표현하는 것이 힘들었을 것이다. 엄마는 지금까지 억압해 오던 자신의 감정을 표현하는 것이 서툴고 잘 몰라 짜증을 내셨던 것 같다. 자신의 감정을 조금씩 표현해 주는 엄마가 좀 더 편해질 수 있도록 나는 이렇게 말하였다.

　"엄마, 남규는 엄마가 표현한 작품처럼 자유롭게 하늘을 날아
　다니고 있을 거야. 그리고 아름다운 모습으로 우리 곁에 있을
　거야. 그러니까 힘들고 아프겠지만 엄마의 아들을 가슴에만 담

아두지 말고 넓은 하늘로 날려 보내 주면 좋겠어.”

엄마는 고개를 끄덕이며 작은 목소리로 알겠다고 하셨다.

〈마음 나누기〉

아들에 대한 미안함, 아쉬움, 고마움, 서운함 등 다양한 감정을 작게, 작게 잘라서 조금씩 날려 보낼 것이라고 한다.

동동 동대문을 열어라

남남 남대문을 열어라

열두 시가 되면은 문을 닫는다

어린 시절 친구들과 함께 부르고 함께하던 놀이다. 동요에서는 12시가 되면 문을 닫는다며 빨리 오라고 한다. 이 동요를 부르며 친구들과 웃고 떠들며 놀았던 것은 아마도 그때 우리의 마음의 문이 활짝 열려 있었던 것 같다. 그런데 지금 엄마는 자식을 먼저 떠나보내고 싸리문을 열 수가 없다. 자식과 함께한 즐겁고 행복했던 시간을 떠올릴 수 없고, 아쉬운 것만 가득 하기 때문에 싸리문을 통해 누가 들어오는 것이 싫어 싸리문을 닫은 것 같다. 하루 빨리 엄마의 싸리문이 영업을 개시할 수 있기를 바란다.

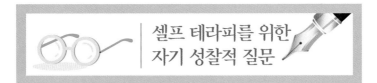

셀프 테라피를 위한
자기 성찰적 질문

1. 자신의 마음의 문을 열 수 있는 자물쇠가 있을까요?

   그 마음의 문은 언제 열려 영업을 시작하게 될까요?

   ----

2. 당신에게 싸리문 역할을 하는 것은 무엇인가요?

   그동안 어려웠던 시간 속에 닫힌 마음의 싸리문을 어떻게

   하면 열게 될까요?

   자유롭고 활기찬 자신으로 살아가지 위한 싸리문에 걸려 있

   는 마음의 자물쇠를 어떻게 하면 열 수 있을까요?

   ----

3. 푸놀치 마음여행으로 마음의 문을 여는 표현활동을 해보세요.

와작와작 마음에 들지 않는 것들을 과감하게 먹어치워 보세요.

우리 안에 있는 문제해결 소화력과 함께 편안하고 자유로운 기분, 후련함을 느낄 수 있답니다.

곽현숙

- 마음그린가족상담코칭센터장
- 한국푸드표현예술치료협회 대전지부장(유성구)
- 한국푸드표현예술치료협회 공놀마스터코치
- 푸드표현상담 전문강사
- 한국평생교육원 캘리그라피 교육강사
- E-mail: hyon0321@naver.com

PART_3

● ● ●

내 마음속에 꿈틀

1. 8학년 2반 엄마의 꿈을 응원합니다
2. 예쁜 딸~ 엄마도 엄마가 처음이었어
3. 내 마음속에 꿈틀~

곽현숙
마음그린가족상담코칭센터장

01 8학년 2반 엄마의 꿈을 응원합니다

꿈은 팔자를 바꾸는 도구라고 〈꿈이 있는 아내는 늙지 않는다〉에서 김미경 작가는 말했다. 나 또한 이 말에 적극적으로 동의한다. 꿈은 사람을 움직이게 하는 도구이며, 삶을 보다 의미 있게 만들고 노화를 늦추는 심리백신이라고 말하고 싶다(김미경, 2007). 나는 우리 엄마가 이 백신을 맞고 활기찬 삶을 살았으면 하는 바람이 있었다. 그러나 82세의 우리 엄마에게 기대하는 게 맞을까? 하는 의문이 들기도 했다. 그런데 최근 이런 나의 바람이 이루어진 사건이 있었다.

"엄마, 나 오늘 학교 수업 있어서 저녁 못 먹고 가." 엄마 집에 갔다가 내가 엄마에게 했던 말이다. 그런데 팔순이 넘은 엄마의 대답이 나를 많이 놀라게 했다.
"나도 학교 가기로 했다."

"중학교에 가기로 했어."

엄마의 말은 다시 한 번 나를 너무 놀라고 당황스럽게 했다.

그동안 내가 엄마에게 여러 차례 소일거리 삼아 동사무소나 문화센터 등의 강좌 등을 다녀보시라고 계속 권해 왔었지만, 엄마는 공부하는 거 그렇게도 싫다고 하며 꼼짝도 안 하셨는데, 이게 무슨 일인가 싶었다.

엄마 얘기를 들어보니, 엄마와 친하게 지내는 지인분이 있는데 그분 딸이 늦깎이 학생들이 다니는 대전시립중 · 고등학교 영어 선생님으로 근무한다는 것이다. 그 영어 선생님은 코로나 시국으로 외부활동이 어려워 우울감에 힘들어하는 자신의 엄마에게 학교에 다녀보시라고 계속 설득하여 지인분이 중학교에 입학하기로 했다는 것이다.

그래서 엄마 지인분은 학교를 혼자 다니면 심심할 것도 같고 우리 엄마랑 같이 다니고 싶어서 엄마에게 여러 차례 권해 엄마도 같이 학교에 다녀보기로 했다고 말씀하셨다. 엄마는 지인분 따님이 입학절차도 다 도와주었다며 '초등학교 졸업확인서'를 보여주셨다.

나는 너무 기뻐서 연달아 계속 손뼉을 쳤다.

"엄마, 너무 잘하셨어요. 엄마, 내가 기분이 너무 좋다. 엄마가 학교에 다닌다고 하니"

그 말을 듣더니 엄마는

"한번 해 볼려구, 어떻게 잘할지는 모르겠지만, 해 보지 뭐."

"중학교에 가서 글씨도 좀 잘 쓰고, 텔레비전에서 말하는 영어를 조금이라도 알아들었으면 좋겠어."라고 말씀하셨다.

엄마에게 나는

"엄마, 그 학교는 엄마처럼 연세 드신 분들이 다니는 학교라 선생님들이 엄마가 공부할 때 큰 어려움이 없도록 도와주실 거예요."라고 하며 엄마에게 너무 좋은 훌륭한 결정을 하신 거라고 말씀드렸다. 그러면서 나는 엄마에게 "엄마, 나도 늦게 대학원에 다녀보니까 우선 생활이 활기차지고 다른 사람을 괴롭히지 않아 참 좋다는 생각이 들어."라고 말했다.

공부를 하게 되면 책 읽는 시간이 늘어나게 되고, 다른 사람들에게 불필요한 관심을 갖지 않게 된다. 또 좋은 점은 자신에게 집중하게 되고, 책을 통해 성숙해지며 긍정적인 생각으로 생활하게 된다. 종종 공부하는 것이 힘들 때도 있지만, 하나하나 새롭게 배울수록 내가 했던 방식대로 생각하지 않고 생각을 달리해 보게 되고, 다른 방법으로 말하고 행동하게 된다. 공부하면 서부터 몸과 마음이 점점 활기가 생기며 삶에 만족감도 높아지고 있음을 느낀다.

연세대 철학과 명예교수 김형석 교수는 2020년 12월 20일 KNN 특별강연 〈백 년을 살아보니〉에서 60세 이후에 행복한 인생을 살려면,

첫째, 성장하기 위해 공부하라.

둘째, 무조건 일하라. 수입이 있든 없든 일하라.

셋째, 전에 하고 싶었던 취미활동을 시작하라.라고

말하고 있다.

나는 이 말을 듣고 감명 깊게 느껴서 포스트잇에 적어 책상 앞에 붙여 놓고 보며 마음을 새롭게 하곤 한다.

82세에 공부로 새로운 인생의 길을 여는 엄마의 꿈을 응원한다. 평생 자녀들을 위해 본인의 삶에서 하고 싶었던 것, 이루고 싶었던 것을 뒤로 제쳐두고 살아왔던 엄마가 중학교에 입학하신다니 너무 자랑스럽다. 중학교 공부를 시작으로 엄마의 삶에 어

떠한 변화가 일어날지 정말 기대가 된다.

〈엄마에게 드리는 꽃 선물〉

나를 너무 행복하게 해준 엄마의 꿈을 응원하며 꽃을 선물하고
싶은 마음으로 푸드표현을 하였다. 새롭게 공부를 시작하는 새
내기 학생의 이미지가 느껴지는 노란색 접시를 선택하였다. 빨
간색 망고스틴 과일을 잘라보니 그 안에 하얀색 꽃이 피어 있었
다. 어쩜 이렇게 예쁜 꽃이 과일 안에 피어 있었을까? 하얀색 꽃
을 발견한 순간 너무 예쁘고 신기해서 탄성이 저절로 나왔다.

공부를 해보겠다는 엄마의 수줍은 열정이 하얀색 꽃으로 피어난 것 같았다.

망고스틴 안에서 피어난 꽃과 미니바나나로 표현한 작품을 엄마에게 카톡으로 보내드렸다. 카톡을 보신 엄마에게 전화가 왔다.

"이게 뭐여?"

"접시에 과일 놓고 그런 거 보낸 거여?"

난 웃으며 "엄마 중학교 입학선물로 꽃 보내드린 거예요."

"엄마, 돋보기 쓰고 자세히 보면 빨간 망고스틴 안에 흰색 예쁜 꽃이 피었어요."

"엄마, 공부 시작한 거 축하드려요."라고 말씀드렸다.

"빨간 망고스틴 안에 흰색 꽃이 예쁘게 핀 것처럼 엄마의 꿈이 멋지게 피어나라는 의미를 담아 표현한 거예요.^^"

엄마는 "고맙다. 접시에 과일로 이렇게 해도 되는 거구나."라고 하셨다.

엄마로 인해 행복한 나의 마음을 푸드표현으로 해 보았다. 우선 나의 행복한 마음이 더 커졌으면 하는 바람으로 무늬가 바깥으로 확장되는 듯한 접시를 선택하였다. 내가 제일 좋아하는 과일인 복숭아의 달콤한 향을 맡아가며 접시에 동그랗게 펼쳤다. 그

사이사이로 방울토마토를 잘라서 꽃이 피어난 것 같은 모양의
토마토만 골라서 올려놓아 보았다. 작품의 중앙에 토마토를 가
로 방향으로 잘라서 오뚝하게 놓은 후에 베란다로 뛰어가서 지
인에게 선물 받아 키우고 있던 토마토 초록 잎을 따서 마치 꽃
잎을 펼치듯이 한 장 한 장 조심스레 올려놓았다.

〈엄마로 인해 행복한 내 마음〉

오늘은 푸드표현 활동을 하며 마치 내가 접시에 푸드로 수를 놓
고 있는 것 같다는 느낌이 들었다. 자신의 마음을 말로 할 수도

있고, 글로 쓸 수도 있다. 통합예술치료로는 그림, 사진, 춤, 노래 등 다양한 장르의 예술 매체로 표현하기도 한다. 자연의 생명력으로 자기 안의 창조성을 깨우고 싶다면 자신이 좋아하는 푸드로 자기와 만나는 시간을 가져보는 셀프 테라피를 권하고 싶다. 푸드로 표현하는 감동의 경험은 해 본 사람만이 느끼는 귀한 만족감이다.

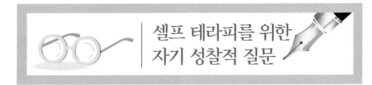

셀프 테라피를 위한
자기 성찰적 질문

1. 삶의 무게로 하고 싶었지만 미뤄왔던 것 중 배우고 싶은 것
   이나 취미활동이 있나요?

   ----

2. 지금 여기서 그때 이루어 보고 싶었던 것을 상상해 보셔요.
   그리고 상상을 통해 느낀 그 기분을 음식 재료를 사용하여
   푸드표현 활동해 보세요.

   ----

3. 푸드표현을 하면서 새롭게 떠오르는 생각이나 감정을 만나 보시고 지금의 내가 그 사건을 겪은 과거의 나를 만나 어떤 이야기를 해주고 싶은지 적어 보세요.

1) 그 사건이 나에게 끼친 긍정적인 의도를 찾아보세요.

----

2) 부정적인 사건 속에서 찾은 긍정적인 의미는 무엇일까요?

----

3) 삶은 나에게 어떤 메시지를 주고 인생의 주인공으로 거듭나 길 바라고 있을까요?

----

4) 아름답게 삶을 리드하고 있는 나의 모습으로 푸놀치 마음여 행을 해보세요.

원하고 꿈꾸면 에밀 쿠에의 말처럼 삶에 기적이 펼쳐진답니다.

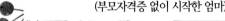

02 예쁜 딸~ 엄마도 엄마가 처음이었어
(부모자격증 없이 시작한 엄마)

"엄마는 왜 포기를 못해!" 우리 딸이 내게 이런 말을 했을 때

"엄마는 포기를 할 수가 없어!" 라고 말했었다.

엄마는 그런 것 같다.

자녀를 포기할 수가 없다.

자녀가 평안하기를

자녀가 행복하기를

자녀를 기대하고 또 기대한다.

고맙고 예쁜 딸, 지금도 넌 충분히 잘하고 있어.

나의 젊은 시절 모습을 너무나 닮은 나의 분신인 사랑하는 딸과 나의 성장통에 대해 글을 쓰려고 한다. 나는 엄마 될 자격을 갖추지 못하고 딸을 낳았다. 딸의 사춘기 시절은 부족한 엄마로 인해 딸도 나도 많이 힘들었다. 지금은 어엿한 아가씨로 성장한 딸과 나는 자주 산책을 하며 하루 동안 있었던 일을 이야기하는 서로에게 힘이 되는 사이가 되었다. 예쁜 카페도 같이 다니며 나의 고민도 곧잘 들어주는 고맙고 예쁜 딸을

생각하며 푸드표현을 하였다.

첫 번째 작품은 딸아이를 양육할 때 어려움에 닥치면 어찌할 바를 몰라 마음에 구멍이 뚫린 것처럼 바람이 숭숭 드나들었던 나의 아팠던 마음을 표현하였다. 두 번째 작품은 아이가 잘 성장하여 원래 자신에게 주어진 보석들을 발견하여 꽃처럼 피어나길 바라는 나의 바람과 기대를 표현하였다. 세 번째 작품은 벌과 나비에게 영양분을 나누어 주는 생명의 에너지를 가득 담은 꽃처럼 딸과 내가 성장하며 선한 영향력을 키우는 사람으로 발전하기를 바라는 마음을 담았다.

작품을 만들고 나니 세 번째 변형한 작품이 마치 예쁜 브로치처럼 보였다. 너무나 부족하고 미숙한 부모로 우리 딸을 만났지만, 이제는 아이와 같이 성장하고 있는 나에게 '부모 자격증'을 수여하는 듯한 자랑스러운 기분으로 작품을 바라보았다.

〈부모 자격증〉은 오래전에 읽었던 독일의 아동교육 전문가 카롤라 슈스터 브링크의 책이다.

브링크의 말에 따르면, 부모는 아이에게 한계를 깨닫게 하고 한도를 정해야 한다. 그뿐 아니라 부모는 아이들이 지켜야 할 규칙과 한도를 제때 적절하게 부과해야 한다. 이런 한도의 경계치는 아이의 성장 단계에 따라 지혜롭게 올리고 내릴 줄 알아야 한다. 사춘기에 접어드는 청소년기는 '절충' 하고 '타협' 하는 법을 배우는 시기이고, 때론 규칙과 한도보다 위로와 격려가 필요한 시기이기도 하다.(카롤라 슈스터 브링크, 2008)

돌아보면 딸아이의 중요한 진로 결정을 할 시기에 절충과 타협, 위로와 격려가 필요할 때가 있었다. 딸아이가 수능 시험을 보고 대학교에 입학할 때를 떠올리면 지금도 아찔한 생각이 든다. 사립대는 학비가 아깝다고 국립대만 고집하다 결국 지원한 대학교에 모두 불합격되었다. 딸아이는 아예 대학교는 가지도 않을 것이며 살고 싶지도 않다고 하면서 먹지도 않고 힘든 시간을 보냈다.

그때 나는 너무 힘들어하는 딸아이의 모습을 보며 가슴이 타는 듯한 고통을 느꼈다. 부모가 되는 것은 삶에 많은 고비를 넘겨야 한다는 것을 배우고 또 배우는 것 같았다.

낙심하고 있던 딸에게, 우리 딸은 어릴 때 아토피 피부라 음식도 먹고 싶은 대로 먹지 못하고 절제하며 건강을 관리해야 했었는데 지금까지 너무 잘 해왔다고 이야기했다. 경제관념도 훌륭해서 청소년기에 관심을 가지는 메이커 상품이나 이것저것 사는 낭비도 하지 않았으며, 지금처럼 국립대학교를 지원한 것도 어쩌면 그런 면이 작용했을 거 같다고 말했다. 우리 딸은 지금까지 상황이 어려울 때마다 잘 이겨내고 성장해 왔다는 격려와 위로의 말을 했다. 그러면서 전문대에 입학하여 4년제에 편입할 수도 있고, 그다음에 공부를 더 하고 싶으면 대학원도 갈 수 있다고 이야기하였다. 현재 상황을 받아들이고 좀 나은 선택을 해 보자고 했었다.

며칠 전 보고 싶었던 지인의 전화를 받았다. 지인은 딸과 내가 보낸 그 추웠던 6년 전 겨울처럼 추운 날들을 보내고 있었다. 딸아이가 원하는 대학교에 가고 싶어 재수까지 했지만, 수능성적이 잘 나오지 않아 너무 힘들다고 했다. 우는 목소리로 전화한 지인에게 "자식이 아파하면 엄마는 마음이 온몸에 있는 것처럼 아픈 것 같아."라고 말했다.

자녀를 키우며 부모도 자녀와 같이 그 길을 걷는다. 부모 자격증 없이 딸을 만나고 키우면서 딸이 힘들어할 때 나는 마치 마음이 온몸에 있는 것처럼 아팠다. 부모와 아이는 같이 성장하는 것 같다. 나에겐 딸이 삶에 부딪히는 상황들을 그대로 당당하게 받아들이는 용기를 배우게 해준 아이이다. 비록 그 길이 어렵더라도 묵묵히 걸어가야 한다는 배움을 알려 준 아이이기도 하다.

아무 대학교도 가지 않겠다고 했던 우리 딸은 전문대 식품영양 학과에 입학하였고, 4년제 대학교에 편입하여 졸업하였다. 지금은 직장에 다니며 대학원 준비를 하고 있다. 유난히 힘든 사춘기를 보낸 딸이지만, 스스로 자기 인생의 주인공이 되어 인생을 멋지게 펼쳐가는 자랑스럽고 고마운 예쁜 딸이다.

 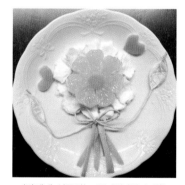

〈딸에게 선물하는 꽃다발 (변경 전)〉　　〈딸에게 선물하는 꽃다발 (변경 후)〉

딸과 함께하는 행복한 미래를 꿈꾸며 딸에게 꽃다발을 선물해 주고 싶은 나의 마음을 푸드로 표현하였다. 즐겁고 긍정적인 마음으로의 전환에 도움을 주는 연두빛 자몽의 톡톡 터지는 향기를 맡으며 자몽 껍질을 깎았다. 자몽 껍질의 하얗고 폭신폭신한 부분을 손으로 떼어내어 접시 바닥에 동그랗게 펼쳐보았다. 그 부드러운 촉감은 우리 딸의 순수한 마음같이 느껴졌다. 그 위에 자몽 과육을 손으로 뚝뚝 떼어 꽃잎처럼 돌려가며 꾸몄다. 연두빛 동그란 꽃이 완성됐을 때 기분이 너무 좋고 뿌듯했다. 〈딸에게 선물하는 꽃다발 (변경 전)〉

표현한 자몽 꽃다발을 가만히 들여다보고 있자니 좀 아쉬운 마음이 들어 다시 변형해 보고자 하는 욕구를 느끼게 되었다. 자몽 껍질로 하트모양 두 개를 만들고 꽃 중앙에 원형 모양을 얹었더니 너무 만족스러웠다. 어서 시간이 흘러 딸이 퇴근하고 돌아오면 선물로 안겨 줘야겠다는 생각을 하며 마음에 행복감이 올라왔다. 〈딸에게 선물하는 꽃다발 (변경 후)〉

고맙고 예쁜 딸, 너와 만난 지 26년이 되었네.

인생길을 같이 걸어오며

너는 내 안에 여러 가지 감정들이 있음을 알게 해주었고,

부모 자격증 없이 시작한 부모이지만

너와 함께 인생을 겸손히 살아가는 것을 배웠어.

앞으로 우리가 함께 걸어가는 길도 기대되는구나.

너에게 엄마의 마음을 담은 시를 지어주고 싶어.

'호야'에 너의 이름을 넣어서 읽어봐~ ㅎㅎㅎ

예쁜 딸! 고맙고 사랑해♥

별을 닮은 꽃 호야
분홍빛을 띠고 단단한 모양새를 하고서
어느 날 갑자기 별 무리가 되어 나타난다.

분홍 별빛 꽃 호야
초록 잎 사이에서 뻗어 나온 가지 끝에
머문 별 무리 그 자태에 감동되어
눈 맞춤의 시간이 머문다.

활짝 피어난 꽃 호야
별 무리에서 하나하나의 꽃으로 피어난
분홍의 꽃다발
소원을 비는 마음을 담아
기대하는 엄마의 마음을 담아 피어난다.

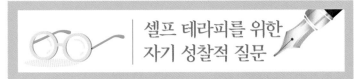

셀프 테라피를 위한
자기 성찰적 질문

1. 살아오면서 나 자신에게 상을 주고 싶었던 자랑스러운 경험을 떠올려 보세요.

   그 기분을 지금 푸드 재료를 사용하여 표현해 보시면 어떨까요? 자랑스럽고 기뻤던 그 순간이 앞으로도 계속될 거라는 기분 좋은 생각과 함께 자신에게 자랑스러운 그 순간을 음미하고 누려보세요.

   ----

2. 우리의 뇌는 과거의 기분 좋았던 긍정적인 자원을 먹고 살아간다고 합니다. 기분 좋은 순간을 떠올리고 표현하면 행복 호르몬인 세로토닌이 분비되어 행복해집니다. 푸드표현으로 나의 행복과 만나보면 어떨까요?

- -

- -

- -

- -

3. 드림소사이어티 꿈의 사회에서는 꿈을 나누는 것이 중요하
지요.

꿈을 나누는 사람이 되기 위해서는 나에게 있는 값진 경험
들을 자신만의 이야기로 엮어보면 좋습니다.

매력적인 자원인 자기만의 이야기로 엮어가는 스토리텔러가
되는 것이 드림 소사이어티 사회의 주인공이 되는 비법이랍
니다. 그러기 위해 먼저 스토리텔링의 힘을 누려보세요.

1번에서 떠올린 자랑스럽고 기분 좋았던 기억의 내용을 토
대로 행복한 글쓰기를 시작해 보시면 어떨까요.

- -

- -

- -

- -

- -

- -

03
내 마음속에 꿈틀~

"꽃피움의 푸드표현 공놀코칭", 작년 가을 내 인생을 다시 점검하는 기회가 된 12번의 만남. 그것은 청소년을 대상으로 한 '푸드표현 공놀코칭'(푸드표현 공부법을 쓴 김지유 박사가 개발한 푸드표현하고 놀면 자신감도 쑥, 공부 성적도 쑥 올라간다는 의미의 공부야~ 놀자! 학습코칭의 줄인말)[1]이었다.

처음 푸드표현 공놀코칭을 만났을 때 내가 그랬던 것처럼 이번에 만난 중학교 친구들도 '어떻게 푸드로 표현하며 공부랑 놀고, 놀면서 공부 잘하는 법을 배우지?' 하며 의아하고 궁금해하였다.

12회기 동안 친구들은 푸드로 표현하며 즐겁게 놀았다. 공놀코

---

1) 김지유 박사의 〈푸드표현 공부법〉 책에 "푸드표현 공놀코칭"이 잘 소개되어 있다.

칭은 재미있게 놀면서 자기 안의 마음보석을 캐내고 자기가 좋아하는 것이 무엇인지 알게 되므로 자기만의 학습 방법을 찾게 된다.

처음 만났을 때 하고 싶은 것이 없다던 녀석들이 자신의 꿈과 목표를 적은 노트도 갖게 되었다. 나는 이번에 친구들이 푸드와 만나고 놀며 변화되는 과정을 지켜보며 그 시간들을 함께 누릴 수 있어서 감사하고 기뻤다.

"푸드표현 공놀코칭은 어떤 것이지?"

푸드표현 공놀코칭은 김민용 · 김지유에 의해 개발된 푸드표현 예술치료를 이론적 바탕으로 한다. 음식 재료를 이용해 구체적인 형태나 형상을 만들며 오감(시각, 청각, 후각, 미각, 촉각)을 자극한다. 자극을 통해 자기 자신 안팎의 지적인 세계를 탐구해 보려는 의욕이 발현되어 인생의 주인공인 진정한 자기의 욕구를 알게 된다.

즐거운 활동 속에서 스스로에 대해 알아가고 자신의 욕구를 이해하며 진정으로 자신이 원하는 삶을 누리기 위한 꿈과 목표를 찾는 새로운 여행을 떠나게 된다. "푸드표현 공놀코칭"은 즐거운 푸드표현 활동을 통해 정서적 안정감과 더불어 학업적 성취감을 얻게 되는 프로그램이다.

"자기 안에 숨겨진 마음 보석"

음식(food)을 매체로 마음을 표현하는 활동으로 자신을 탐색하며 자신이 좋아하는 것이 무엇인지 알게 된다. 자신이 가지고 태어난 무한의 숨겨진 마음 보석을 발견하고 캐내어 그 보석을 아름답게 가꾸는 시간을 갖는다. 여기서 학생들은 '나는 아름답고 소중한 사람이다.' 라는 학습의 기초적인 힘인 자존감을 높이게 된다. 마음속에 공부하고 싶은 마음이 1%라도 있다면 자기만의 공부법을 창조해 인생의 주인공으로 성장하게 돕는 "셀프코칭 공부법"이 푸드표현 공놀코칭이다.

"자신만의 공부하는 방법을 찾는다."

사람마다 생김새와 성격이 다르듯 학습 방법도 다 다르다. 푸드를 소재로 하여 자신의 시각, 청각, 후각, 미각, 촉각의 오감을 활용하여 표현하며 자신의 몸과 마음이 얼마나 기분 좋게 활성화되는지 관찰하고 살펴볼 수 있게 된다. 사람은 태어나서 자기만의 살아가는 방식을 터득하며 성장하게 된다. 공부도 각자 좋아하는 학습유형과 자신에게 맞고 편안한 방법을 적용하면 학업 성취도가 향상될 수 있다.

<나의 마음보석: 내 안에 있는 따스함, 지구력, 호기심, 긍정적 태도, 목적의식>

<자신만의 공부스타일: 나는 공부할 때 라임이나 레몬 등 시트러스 계열의 기분을 좋게 하는 향기를 맡으면 집중이 잘된다.>

"자신만의 스트레스 해소법을 찾는다."

학습하는 데 있어 자기의 마음을 잘 조절하는 것은 참 중요하다. 해결해야 하는 어려운 문제를 만나거나, 상처받는 말을 듣거나, 안 좋은 상황에 직면하게 됐을 때 회피하지 않고 오히려 자신을 성장하는 기회로 만들어 갈 수 있도록 내면의 힘을 키우기 위해서는 마음의 근육이 필요하다.

수업에 참석한 학생들은 스트레스를 해소하는 방법으로 라면을 두드리고 부시며 시원한 감정을 느끼고 작품을 표현한다. 표현한 푸드작품을 변형하는 과정에서 학생들은 내면의 긍정성을 확장하는 시간을 갖게 된다. 같은 재료를 부정적으로도, 긍정적으로도 표현할 수 있음을 인식하게 되고, 이런 부정적인 마음표현과 긍정적인 마음표현이 모두 소중하고 값지다는 것을 알아차리게 된다.

학생들은 공놀코치의 긍정적 지지와 기다림 속에서 잠자고 있던 창의성과 자존감이 향상된다. 믿고 기다려주는 믿음과 사랑이 초석이 된 안정적인 환경에서 학생들은 자신의 감정을 건강하게 표현하는 방법을 배우게 된다. 매회기마다 자기 안의 욕구를 발견하고 푸드표현하며 자기 이해와 성찰의 경험이 반복되니 참가 학생들 모두 자유롭게 자기 결정성을 확장하는 계기가 되었다.

사람은 내면에 존재하는 자유로움의 욕구가 있다. 때로는 우리 청소년들은 부모와 학교라는 울타리 안에서 자기다움의 자유 욕구를 발현하는 기회를 잊게 된다. 부모가 작성해 준 생활시간표와 학교가 제시하는 학업시간표 속에서 살아갈 때가 많다. 자기 인생의 꿈을 위한 시간표도 함께 펼쳐가야 하는데, 이렇게 이미 주어진 시간표와 과중한 학업이 가져다주는 환경에서 청소년들은 스트레스를 받게 된다.

공놀코칭 안에서는 자신에게 맞는 적절한 스트레스 해소방법을 터득하게 되고 건강한 감정표현의 기회가 많아진다. 자기 자신에 대한 믿음을 갖게 되고 자연스럽게 문제해결력이 높아지며 자존감이 향상되는 것이다.

〈스트레스 해소: 내 안에 부정적 마음을 수박을 잘라가면서 표현하였더니 가슴이 시원해지는 느낌이었다.〉

〈나의 꿈이 이루어졌을 때를 상상하면: 내 안에서 기쁨이 터져 나오고 우주로부터 나에게 사랑의 빛이 쏟아져 내리는 것 같은 충만한 느낌을 받는다.〉

"자신의 꿈을 향해 나아가게 한다."

'푸드표현하며 공부야 놀자' 프로그램의 후반기에 자신의 드림리스트를 작성하는데 10년 후에 하고 싶은 것과 꿈을 현재형과

완료형으로 적는다. 이렇게 종이에 적은 말을 계속 반복하며 되뇌면 뇌에 강하게 각인이 된다. 자신이 원하는 바를 자주 말하고, 자주 생각하고 상상하는 것은 꿈을 이루는 중요한 원동력이 된다. 이러한 원동력은 실제로 성공 가능한 꿈을 가지게 된다. 더불어 주변 환경에 따라 어렵고 힘든 일에 처하게 될지라도 오뚝이처럼 다시 일어나 도전할 수 있는 회복탄력성도 자라게 되는 것이다.

예일 대학 심리학 보고서에 의하면, 자신만의 목표를 적은 꿈 노트가 있는 것과 없는 것은 큰 차이가 난다고 한다. 예일 대학 연구팀은 졸업반 학생들을 대상으로 이 꿈 노트를 가지고 있는 학생이 얼마나 되는지 조사했다. 조사에 따르면 졸업생 중 단 3%의 학생들만 글로 쓴 목표를 가지고 있었다.

20년이 지난 후, 이들을 대상으로 추적조사가 이루어졌다. 글로 쓴 목표를 가지고 있었던 3%의 사람들이 소유한 부가 나머지 97%의 사람들 모두의 재산을 합친 것보다 더 많다는 사실이 확인되었다. 하버드 대학의 연구 결과도 이와 유사했다. 뚜렷한 목표를 적은 5%에 속하는 학생들이 이루어 낸 성과가 나머지 95%의 학생들이 이뤄 낸 성과의 합보다 더 큰 것으로 나타났

다.(김지유, 2020)

나는 사람들이 자신이 원하는 바를 이루는 행복한 인생을 살고자 한다면 꿈과 목표를 반드시 설정해야 한다고 생각한다. 목표가 있으면 우리의 뇌는 목표를 이루기 위한 불가사의한 마법적인 힘을 발휘한다. 이때 우리 뇌 속의 라스시스템이 활성화되어 우리가 꿈을 이룰 수 있도록 행동하게 한다. 꿈과 목표가 생기면 사람이 목표를 향해가는 것이 아니라 목표가 사람을 리드하게 된다. 자신의 꿈을 반복해 생각하고 이 반복된 경험을 뇌에 각인시키게 되면 꿈은 사람을 움직이는 도구가 되는 것이다.

수업 초기에 친구들에게 언제 기분이 좋은지 질문했다.

그중 송이(가명)는 "학교 안 갈 때, 혼자 있을 때, 집에 있을 때, 핸드폰할 때가 좋아요."라고 대답했다.

청소년 시기는 또래 집단이 중요하고 부모보다 친구들을 더 좋아하는 특성이 있는데, 혼자 있을 때가 좋다는 송이의 답변에서 우울감과 학교 부적응적인 면이 나타났다.

송이는 수업 중간 회기 과자 탑을 쌓는 시간에 쌓았던 과자가 무너지자 "에이 안 할래!"하며 과자 탑을 쌓는 것을 중단하고 "선생님, 과자 먹어도 돼요?" 하고 물어보았다.

"그럼, 먹어도 돼요."라고 말했더니, 송이는 자기가 좋아하는 귤과 과자를 먹은 후에 친구들이 과자 탑을 쌓는 것을 보며 "선생님, 다시 쌓아 볼게요."하고는 과자 탑을 쌓기 시작했다. 송이의 과자 탑이 몇 번 무너졌으나 안 무너지게 쌓으려고 다시 시도하는 모습이 보였다.

12회기 수업을 마칠 무렵 송이는 반짝이는 자신의 보석은 극복력, 호기심, 창의성, 표현력이 있으며 자신의 꿈을 적는 '꿈 노트'에 "나는 10년 뒤 패션디자이너로 행복한 삶을 살고 있다."라고 적었다.

"푸드표현 공놀코칭으로 꽃피움의 부캐 시작"

학생들이 그동안 경험해 보지 못했던 푸드표현 공놀코칭 수업으로 자신의 꿈을 구체적으로 설정하고 자기만의 전략적인 공부법을 찾은 것처럼, 나도 푸드표현 공놀코칭으로 나의 전략적인 공부법을 찾아 나의 또 다른 '부캐'(자신의 또 다른 캐릭터)인 "꽃피움"의 푸드표현 공놀코칭을 펼치고 있다.

푸드표현 공놀코칭은 나이와 신분을 초월하여 각자 자신에게 맞는 공부법을 선택하고 자신의 삶에 유용하게 적용할 수 있다.

이 공부법은 단순 코칭을 넘어 일상의 삶으로 연결되어, 결국 매슬로우의 욕구 중 자기 성장의 단계인 자기 치유와 자아실현을 할 수 있도록 도와준다.

나는 40대 후반에 다니던 직장을 마무리하고 문화예술 분야 강사로 새로운 인생을 시작하였다. 학습자들과 만나며 내 안에 꿈틀~거리며 성장하고자 하는 욕구와 나다워지고 싶은 공부에 대한 열정은 더욱 커졌다.

내 안의 꿈틀~하는 늘 공부하고 싶은 열망으로 오십을 지나며 예술치료대학원에 입학했다. 그리고 늘 꿈꾼 대로, 생각한 대로 된다는 말의 의미가 실현되는 시간이 찾아왔다. 그것은 내가 원하는 새로운 나만의 "행복 행진"인 푸드표현 공놀이코칭과의 만남이다.

대학원수업 중에 치유산타 김지유 교수님의 행복감에 넘쳐 열정적으로 강의하는 모습에 감동 받아 교수님의 〈힐링공간 플로리시〉를 찾아갔었다. 그때 나의 꿈을 이루고 내 인생을 꽃피우고자 하는 바람을 담아 나만의 '부캐'를 꽃피움으로 정하였다.

내 마음속 깊은 곳에서 늘 꿈틀하는 것들이 끌어들임의 법칙으로 푸드표현 공놀코칭을 만나게 되었고, 그때 "그래! 바로 이것이다!"라는 느낌을 받았다.

〈푸드표현 공놀코칭을 만난 설렘〉

〈행복한 공놀코칭의 기대감〉

위의 작품은 처음 푸드표현 공놀코칭을 만났을 때 여름철 갈증을 해결해 주는 수박처럼 시원해지는 나의 감정과 설레는 마음을 표현하였다. 꽃과 해님을 표현하고, 수박껍질로 꽃의 줄기와 나비를 만들며 자유롭고 행복한 마음을 드러내 보았다.

오른쪽 작품은 푸드표현 공놀코칭 마스터코치 과정을 할 때 표현한 작품이다. 앞으로 나의 인생길에서 푸드표현 공놀코칭을 통해서 만나게 될 선생님들과 설레고 기대되는 마음을 담은 작품이다. 나의 〈행복한 공놀코칭〉이 또 다른 선생님의 행복한 공놀코칭으로 되기를 희망한다.

"나와 함께하는 사람들과 꿈틀"

요즘도 나는 내 안에 꿈틀거리는 행복하고 싶은 마음, 그동안 미뤄왔던 꿈들을 하나하나 꺼내어 노트에 적으며 나를 설레게 하는 매일의 행복행진을 한다. 하루를 마감하는 밤 시간에 나를 행복하게 하는 '꿈틀 노트'를 펼치고 나의 행복한 미래를 지금 이 순간으로 가져와 나와 소통하며 나에게 만족감을 주는 충전의 시간을 갖는다.

내 꿈틀 노트에는 1년 후, 5년 후의 꿈이 적혀 있다. 1년 후에 다양한 예술치료로 심리상담을 하는 '예술상담심리센터'를 오픈할 예정이었다. 이 꿈은 책을 쓰고 교정하는 과정에서 간절히 소망하고 늘 머릿속에 센터 오픈 동영상을 담고 다닌 결과 상담센터를 오픈했다. 치유산타박사의 말처럼 푸놀치 안에 나의 꿈을 담아 표현하고 먹었더니 내 삶에 기적이 일어난 것이다. 이제 나의 상담센터는 여러분의 공간으로 삶에 쉼을 제공하며, 치유가 필요한 사람들에게는 자신 안의 치유를 발견하고 건강함을 확장하는 힐링공간이 될 것이라는 생각을 해 보며 소망을 다시 담아본다. 자신이 좋아하는 표현예술 매체로 자기의 마음보석을 찾고 행복한 삶을 열어가는 내면의 꿈틀이 싹는 곳. 기대되고 설레이고 어떤 분들을 만나게 될지......

5년 후에는 힐링센터를 열 생각이다. 힐링센터는 예술 매체를 활용하여 삶의 즐거움을 누리는 곳으로 자신의 내면을 통찰하여 자유롭고 평안한 웰빙의 삶을 나누는 곳이 될 것이다.

이렇게 충분히 나의 행복한 꿈과 소통하며 행복감으로 가득 채워 내가 만나는 대상자들과 행복에너지를 나눈다. 나는 그동안 공부하고 익힌 다양한 예술치료 도구로 성인학습자나 학생들을 만나며 꿈을 나누는 시간을 가진다.

푸드표현 공놀코칭, 푸드표현예술치료, 미술치료, 캘리그라피 등의 강의를 할 때 오감을 통해 뇌를 행복하게 깨우는 강의를 한다. 대상자별 맞춤형으로 느끼고 표현하고 알아차리는 행복 강의를 하고 있다.

나와 함께하는 사람들이 자기 안의 꿈틀거리는 것을 찾기를 바란다. 자신의 범주를 벗어나서 타인과 함께 꿈을 키워가고 행복감을 누리며 살기를 원한다. 나는 내 인생에 함께하는 사람들과 〈꽃피움의 행복한 공놀코칭〉을 펼쳐가고 있다.

〈마음속에 시작된 순수하고 강한 의지〉　〈소망의 불꽃이 더 넓은 곳으로〉

〈함께하는 삶들과 나누는 플로리시 행복감〉

위의 작품은 나와 함께하는 사람들의 순수하고 깨끗한 마음의 동기를 하얀색 양파로, 지금도 앞으로도 성장하고 행복해지길 원하는 소망을 빨간색 토마토로 표현했다.

첫 번째 작품은 나와 함께하는 사람들의 성장하고자 하는 강한 의지를 달고도 알싸한 맛을 내는 양파에 담아 중앙에 놓았다.

빨간색 토마토로 마치 어두운 곳을 환하게 비추는 촛불처럼 표현했다.

두 번째 작품은 꿈을 향한 소망의 불꽃이 자신의 범주를 넘어 더 넓은 곳으로 퍼져나가며 그 빛이 확장되기를 바라는 마음을 표현했다.

세 번째 작품은 우리들의 성공스토리 중에서 만나게 되는 반가운 성공들을 마치 꽃이 활짝 피어 만개할 때의 플로리시 행복감으로 표현하였다.

나는 마지막에 토마토로만 표현한 작품을 출력해 내가 공부하는 책상에서 가장 잘 보이는 곳에 붙여 놓고 수시로 바라본다. 작품을 가만히 바라보면 토마토에서 힘, 에너지, 열정 등을 얻게 된다. 단면으로 썬 토마토 안에 다양한 형태의 아름다운 무늬들을 보고 있노라면 우주와 내가 연결된 것 같은 만족감을 느낀다. 푸드표현을 하며 나는 내 안에 창의성, 진실함, 직관력, 겸손함, 자연친화적인 강점 보석들이 계발되는 것을 체험하게 된다.

나로부터 시작된 나비의 날개짓 같은 행복 꽃피움. 이 작은 몸짓이 긍정심리학 〈플로리시〉로 전 세계를 긍정심리학 열풍으로 만들어 가는 마틴 셀리그만처럼 되기를 희망한다.(마틴 셀리그만,

2020) 긴 시간 행복의 공식을 연구한 소냐 류보머스키처럼, 꽃피움 나는 나와 함께 하는 사람들과 행복한 마음을 담아서 행복스토리를 써가고 있다.

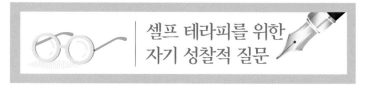
셀프 테라피를 위한
자기 성찰적 질문

1. 최근 내 마음에 꿈틀~하는 설렘을 주었던 그 무엇이 있다면 어떤 것인가요?,

----

2. 내가 행복하기 위해 내 안에 꿈틀하는 것은 무엇일까요? 생각나는 대로 모두 적어 보세요.

'내가 잘 할 수 있을까?'라는 마음속의 생각도 들겠지만, 그냥 적어 보는 것이 더 중요하답니다.

꿈을 적으면 꿈은 현실로 가깝게 다가옵니다.

----
1)
----
2)
----
3)
----
4)
----

5)

---

6)

---

7)

---

3. 위의 생각나는 대로 적었던 것 중에서, 우선 지금 당장 나에게 먼저 다가와서 하고 싶은 일은 어떤 것이 있을까요? 그러면 눈을 감고 이미지로 생생하게 그려보세요.

그 일은 어떤 현실이 되어 나에게 나타날까요?

'천리 길도 한 걸음부터~"라는 말을 꼭 기억해 주세요.

이경숙

- 교육학박사 수료(교육심리학)
- 그린나래심리상담센터장
- 한국푸드표현예술치료 경남지부장/이사
- 고용노동부 통영지청 심리안정지원프로그램 전문상담사
- 통영시 건강가정다문화가족지원센터 상담원
- 푸드표현상담 마스터강사/ 미술심리상담사 1급
- E-mall: lks6841@daum.net

PART_ 4

● ● ●

나를 바라보는 거울,
삶의 치유예술 푸놀치

1. 내 인생의 길이 되어 준 롤-모델
2. 어제보다 더 멋진 오늘
3. 인생 뭐 있어? 생각하기 나름이지

이경숙
교육학박사 수료(교육심리학)

01 내 인생의 길이 되어 준 롤-모델
(릴레이처럼 이어지는 선한 영향력)

누군가 나를 모델링하여 닮고 싶다고 말한다. 과연 내가 그런 사람이 되었을까, 왠지 쑥스럽고 부끄럽기도 하다. 내가 그만큼 성장되어 있는지 생각해 보게 되었다.

내게도 성장 추진의 동기 부여를 해준 사람이 있다. 그는 2000년도 〈성공시대〉에 출연하여 우연히 만나게 된 서진규 박사님이다. 가발공장에서 하버드 대학원까지 인생 역전 드라마로, 그 당시 미합중국 장교로 우리나라에 오셔서 '나는 희망의 증거가 되고 싶다' 라는 주제로 방송되었다. 방송을 보면서 그분은 나보다 더 열악한 환경에서 더 힘들었을 거라고 생각되었다. 그런데 그녀는 한결같이 미소를 띠었고, 자신을 포기하지 않고 도전하고 있었다.

서진규 박사님은 "쉬운 것이면 누구나 하는 것이니 의미가 없다. 어려운 것이니 도전해 볼만한 가치있는 일이다."라고 하였다. 이 말이 내게는 훨씬 깊게 와 닿았고, 내가 포기하지 않고 열심히 노력하며 살아갈 수 있도록 동기 부여를 해준 마음속 멘토 같은 분이다.

삶에 있어 멘토와 멘티 하면 제일 먼저 앤 설리번이 떠오른다. 미국의 교육가인 앤은 헬렌 켈러를 지도하여 듣지도 보지도 못하는 장애를 가진 그녀를 활발한 작가로 사회활동을 할 수 있게 지도한 진정한 스승이다. 이처럼 기적과도 같은 삶을 살 수 있도록 도움으로써 많은 사람들에게 헬렌이 용기와 꿈을 줄 수 있는 삶의 기적을 만든 것은 앤 설리번이 진정한 멘토로서의 역할을 하였기 때문이라고 나는 생각한다.

나를 닮고 싶다고 말하는 가을(가명) 씨, 그녀의 멘토 역할을 잠시 해주고 있다. 그녀는 자살 고위험군으로 분류되어 상담을 받게 된 35세 미혼여성이었다. 지적 호기심도 많고, 열정도 많다. 가을 씨는 어린 시절 부모로부터 충분한 사랑과 인정, 지지를 받지 못해 내면의 상처가 깊고, 스스로에 대한 믿음이 약하고, 자기수용과 자기 존중이 되지 않았다.

미성숙한 부모로 인해 어려운 성장환경을 가진 가을 씨는 부모의 이혼 후 각자 사는 부모와 동생을 위해 생활하고 있었다. 그녀에게 힘이 되어주는 지인들이 옆에 있었지만, 그녀가 하는 일에 지지하고 격려하는 것처럼 말을 하면서도 시기와 질투가 들어간 부정적인 피드백에 오히려 고통스러워했다. 자신이 원하는 일에 대한 부정적인 반응과 자기 결정권을 발휘하지 못하고 주변의 말에 휘둘려 혼란스러운 감정으로 힘들어했다. 이런 사회환경 조건에서 삶을 살아가는 가을 씨는 타인의 부탁을 거절하지 못하였으며, 막상 자신이 필요할 때는 도움을 요청하지 못하고 눈치를 보았다. 결정적인 순간에는 자기를 위한 선택을 하지 못하고 가족과 지인들이 자신을 더 힘들게 한다고 하소연하였다. 결국 문제의 원인을 자기 탓으로 돌렸다.

가을 씨는 어른과 노인은 자기를 힘들게 하여 그들을 돌보는 일은 자신과 맞지 않다고 하였다. 직장에서도 자신이 아는 것이 많으며 일도 더 많이 하는데, 자격증을 가지고 일한다는 이유로 월급을 더 받는 것에 대해 부당하고 화가 난다고 하였다.

배움에 대한 열정이 많아 간호조무사, 요양보호사 자격증을 취득하였으나 제대로 활용하지 못해 직장에서도 일에 대한 만족감이 현저히 떨어져 있었던 가을 씨. 그녀는 힘든 일이 있을 때 자기만의 세계로 숨어버리는 오래된 습관을 갖고 있었고, 그것을 다르게 행동할 수 있도록 변화하는데 시간이 오래 걸렸다.

이런 그녀가 심리지원 프로그램에 참여하여 심리상담과 커리어 코칭을 받은 후 필자가 진행하는 집단상담 프로그램에 참관인으로 함께하게 되었다. 이 경험으로 자신도 이런 일을 해보고 싶다는 꿈을 찾게 된 것이다.

"선생님, 저도 선생님처럼 이런 일을 할 수 있을까요? 저도 선생님 덕분에 도전하고 싶은 용기가 생겼어요."

"당연히 할 수 있죠. 가을 씨는 배우는 것에 대한 열정이 있으니 이번 기회에 대학도 들어가서 자신이 원하는 삶을 한번 만들어 가보세요."

이렇게 꿈이 생긴 그녀는 자신의 꿈을 이루려면 공부를 더 하여야 하기에 안정된 직업을 찾는 것이 우선적이라는 것을 인식하게 되었다.

내담자의 행복증진을 돕는 상담자의 역할은 중요하다고 생각된다. 상담자는 내담자에게 어떤 마중물을 주느냐에 따라서 내담자의 인생이 달라지게 도움을 줄 수 있다. 상담자는 내담자에게 물고기를 잡아 주는 것이 아니라 물고기를 잡는 방법과 그 물고기를 잡고 싶은 호기심을 자극하고 동기부여를 하는 것이 상담자의 역할이지 않을까 싶다. 내담자에게는 이렇게 해보고 싶은 호기심과 마음을 가지게 하는 동기부여의 마중물이 필요할 것이다. 마치 콩나물에 어떤 물을 주느냐에 따라 콩나물의 성장이 달라지듯이 말이다. 내담자에게 꼭 필요한 마중물을 주는 것이 상담사가 고민해야 할 문제라는 생각이 든다.

나는 가을 씨와 대화하던 것을 생각하며 저녁을 준비하다 콩나물로 표현을 해 보았다. 상담자로서 나의 자세를 표현해 보며 나의 직업에 대해 좀 더 책임감을 느끼게 되었다.

콩나물로 표현한 원푸드 작품을 보니 파란색 접시의 편안함 속에 꽃으로 피어나는 느낌이다. 푸드표현 상담 공부를 하던 때가 엊그제 같은데 가을 씨처럼 나를 닮고 싶다는 사람을 만나게 되니 감사하고 감회가 새롭다.

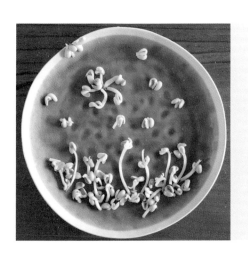

〈마중물〉
매체: 콩나물

가을 씨와의 27번째 만남이었다. 이번 만남에서 그녀는 자신을 힘들게 하는 어르신이 자기 부모와 동일시되어 힘들게 한다는 것을 알아차렸다. 그 후 상담이 급속도로 긍정적으로 변화되어 갔다. 2021년 주간보호센터에 취업하여 지금은 대학도 다니고 있다. 배움에 대한 열정이 많은 가을 씨는 사회복지사 자격증을 취득하기 위해 준비 중이며, 치매예방 자격증과 푸드표현 상담사 자격증을 취득하였다.

그뿐만 아니라 주 1회로 시작한 상담이 격주, 월 1회, 격월로 진행하던 것이 이제는 그녀가 필요할 때 전화상담만 하는 것으로 대체되었다.

이렇게 자기 길을 찾아 성장하고 있는 가을 씨가 나는 너무 고맙고 대견하다. 마치 내 조카를 후원하는 것처럼 기쁘고 보람도 있어 기분이 좋았다. 더불어 나 역시 내담자들을 통해 성장하고 있으며, 우리는 같이 성장하고 어우러지며 살아간다고 생각한다. 이런 나의 마음을 푸 · 놀 · 치(푸드표현하고 놀면 치유의 기적이!)로 표현해 보았다.

표현된 작품을 통해 소박하면서도 저마다 자기다운 모습을 가지고 있다는 것을 알게 되었다. 그러면서도 드러나지 않게 어우러져 있는 모습이 더 예쁘고 아름답다. 레드키위의 속살이 한층 더 잘 영글어 자기 자신을 보여주는 아름다움으로도 다가온다. 자기다운 존재란 드러나지 않아도 고유의 독특성이 살아있나 보다. 푸·놀·치를 하면서 나는 더불어 성장하는 내담자와 상담자의 관계를 생각해 보게 되었고, 선한 영향력의 아름다움이라 더 예쁘게 다가온다.

〈더불어 성장하는 우리〉
매체: 레드키위

어느 날 가을 씨가 "선생님처럼 되고 싶어 동기부여가 될 수 있게 선생님 사진 한 장 줄 수 있을까요?"라며 카톡을 보냈다.

"그게 뭐라고 도움이 된다면 얼마든지 주죠."하고 카톡으로 사진을 보내주었다. 누군가가 그런 대상으로 생각해 주니 더 열심히 잘 살아야겠다는 책임감도 생긴다.

이렇게 열심히 잘 살아야 하는 책임감을 느끼게 된 나는 열정의 선한 영향력이라는 제목으로 푸·놀·치하였다. 나의 마음가짐을 돌아보고 균형과 조화를 위한 자기 관리도 필요하다는 의미로 푸드표현을 해 보았다. 열정으로 살아가는 나, 푸·놀·치로 표현했다. 전문가 단톡방에 공유했더니 보시는 선생님들이 표현된 작품 속에서도 활기찬 에너지가 느껴진다고 말해 준다.

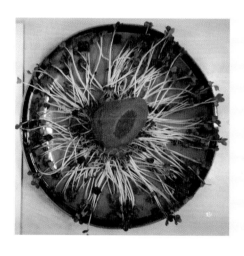

〈열정의 선한 영향력〉
매체: 당근, 무순

당근은 나 자신을 표현한 것으로 균형과 조화를 이룬 열정의 에너지로 표현되었다. 앞으로 지속적인 성장과 발전 속에 나를 찾아오는 분들에게도 나누어 주고 싶은 마음을 무순으로 표현해 보았다. 성장하고자 하는 자기 안의 에너지를 찾아 자신이 꿈꾸는 길을 잘 찾아가기를 바라는 마음이다.

상담사의 길을 걸으며 인연이 되어 함께하며 성장하는 선생님들 덕분에 선한 영향력은 마치 릴레이 하는 것처럼 연결되는 듯하다. 릴레이 경주에서 먼저 뛴 선수의 바톤을 이어 받아 다음 주자에게 넘겨주듯이 함께 달리며 아름답게 성장해 달리는 우리.

나에게는 길이 되어 주고 늘 도전할 수 있게 동기부여를 해 주는 지유산타님이 있다.

그녀는 가르침과 배움을 주는 학습에 있어서는 호랑이 스승이다. 그녀가 넘겨준 바톤이 아직 내 손에 남아 있다. 어린 시절 가시나로 태어났다는 이유로 부모로부터 존중받지 못해 낮은 자존감과 정체성의 문제로 성장했던 나. 그러나 중년이 되어 심리학을 공부하면서 나를 돌보고 알아가는 상담심리 공부를 하며 내 안의 어린아이를 치유하고 성장시켜 왔다. 그래서인가! 내가 가진 자원들을 발견하고 문득문득 해내는 나를 보면 기특하고 대견하다. 내 안에 이런 다양한 모습들이~ 놀랍다. 진정한 나와의 만남은 기분 좋은 설레임이다.

지유산타님은 늘 "선생님, 한번 해 보세요. 청출어람 청어람이라 저의 제자이지만 스승을 능가하는 더 멋진 모습으로 성장하실 수 있어요."라고 응원과 도전의 메시지를 준다.

서진규 박사님은 내가 힘들고 고단할 때 포기하지 않고 가야 하는 의미를 알려 주었다면, 지유산타님은 나의 자원을 찾아 나답게 잘 살아갈 수 있게 해 주신 분이라 고맙고 감사하다.

나는 살아있는 한 묵묵히 나의 길을 가련다.

지금처럼 뚜벅뚜벅 하나씩 이루고 나누어 가며....,

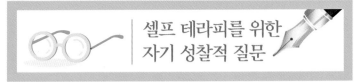

1. 나에게 선한 영향력을 끼친 사람이 있을까요?

----

1) 영향력을 준 사람이 있다면 나에게 어떻게 도움이 되었나요?

----

2) 나도 누군가에게 선한 영향력을 나누고 싶은 사람이 있을까요?

----

3) 그런 사람이 되기 위해 나는 지금 무엇을 할 수 있을까요?

----

2. 삶에 어떤 의미를 남기는 사람이 되고 싶은가요?

----

1) 나는 내 삶의 주인공이 되기 위해 지금 무엇을 하고 있나요?

----

2) 매일 조금씩 자기 인생의 주인공으로 멋진 삶을 연기해 보세요.

그 하루하루가 모여 미래의 이루고 싶은 내가 된답니다.

어제보다 더 멋진 오늘

멍하니 호박을 바라보며 호박과 대화를 해 보았다. 호박이 넝쿨째 굴러들어 온 것처럼 호박의 무늬가 예쁘고 편안함으로 다가왔다. 뭔가 결론이 난다는 생각이 들고, 내가 해온 과업이 이루어져 가면서 내 삶에 중요한 큰일들이 마무리되어 간다는 생각이 들었다.

왜 갑자기 호박이 내 눈에 띄었을까.

동화책 속에 창의적인 이야기 소재로도 많이 사용되고 있는 호박. 호박의 다양성과 효능 때문일까. 호박은 줄기, 잎, 과실, 종자 등 호박의 모든 부분이 버릴 것 없이 다양하게 조리해 먹을 수 있다. 탄수화물이 풍부하고 비타민 A를 비롯하여 비타민의 급원으로 다양하게 사용하는 호박은 흔히 부종에 좋아 삶아서 먹기도 하고, 암 예방에도 도움이 된다고 알려져 있다. 또한 저칼로리 식품으로 만복감을 주고 배설을 촉진하여 혈중 콜레스

테롤을 낮춰서 지방의 축적을 막아주는 등 다이어트에도 좋은 식품이다(두산백과; 김오곤, 2021; 농촌진흥청, 2020).

〈어제보다 더 멋진 오늘〉
매체: 멜론, 호박

이렇게 다양하게 활용할 수 있는 호박이 오늘은 나의 마음을 바라보는 매체로 선택되었다. 한참 호박으로 표현된 작품을 바라보고 있으니 아들의 결혼을 앞두고 부모로서 내가 하여야 할 일들을 다해 간다는 생각이 들었다. 그동안 고단하고 힘들었던 산을 잘 넘어왔다는 안도감도 든다.

앞으로 자녀들이 독립하고 나면 나의 삶을 새롭게 정비하려는 계획도 세워야 한다. 새로 맞이하는 식구와도 함께 어우러져 행복한 가정을 어떻게 꾸려갈까 하는 기대감도 있다. 특히 상담전문가로서의 나의 꿈이 하나하나 영글어 세상에 선한 영향력으로 나눔을 만들어 가고 싶은 소망과 앞으로 더 멋지게 변화되어 어떻게 살아갈 것인가에 대한 설렘도 있다.

나의 마음이 내 손끝이 지나가는 대로 표현된 푸드 표현작품. '아~ 이런 마음이었구나! 그렇지, 이것이었지!' 하는 알아차림이 일어난다. 작품을 통해 나는 마음챙김의 대가인 카밧진이 떠올랐다. 마음챙김은 의도적으로 현재 이 순간을 비 판단적으로 주의를 기울이는 것이라고 그는 정의하였다(Kabat-Zinn, 2012/2017). 생각과 욕구를 멈추고 철저하게 나를 내려놓는 훈련이 마음챙김이다. 나를 온전히 내려놓는다는 것은 쉽지 않다.

그러나 푸드표현예술 활동에 몰입하게 되면 창조적인 표현에 집중하여 나를 잊어버리게 된다. 지금처럼 이 순간에 집중, 몰입하는 것이 마음챙김인 듯하다. 푸드표현 활동을 하게 되면 그저 마음이 흘러가는 대로 지켜보며 마치 순간이 영원처럼 느껴진다. 그 어떤 자극이 들어와도 그 순간 동요되지 않는다. 생각과 감정을 분리하여 거리를 두며 흘러가는 마음을 물끄러미 바라본 사이에 티즈데일(Teasdale)이 말한 마음챙김을 하고 있었던 듯하다. 생각과 감정이 분리되면서 생각이 더 감정을 요동치게 하였던 것을 스스로 돌보고 마음챙김을 한 것이다. 마음챙김을 통해 혼란스러운 감정들을 고요하게 평정을 유지함으로써 생각을 정리하는 시간이 되었다.

〈나에게 주는 사랑의 꽃다발〉
매체: 냅킨. 구슬 초콜릿, 느타리버섯, 적근대, 오렌지, 스파게티면

푸드표현 마음챙김으로 한층 더 성장되어 있는 나를 보면서 나에게 사랑의 꽃다발을 선물 해 주었다. 보석처럼 반짝이는 둥그런 구슬 초콜릿의 다양한 색상이 마치 내 삶을 대변해 주듯이 축복해 주는 느낌을 주어 기분이 좋았다. 그동안 고단하고 힘든

상황 속에서도 나는 묵묵히 나의 꿈과 목표를 향해 정진했다. 이제는 노력의 결실이 맺히는 것 같아 참 기쁘고 감사하다. 고즈넉하게 싸여 있는 느타리버섯은 내 삶이 익어가는 것처럼 오렌지꽃으로 새롭게 피어나는 듯해 보인다. 푸드로 표현한 사랑의 꽃다발은 내가 나를 인정하고 선물한 것이기에 그 어떤 상보다 뿌듯하고 기쁘다. 나의 삶을 받아들이며 힘들고 고단한 삶 속에서도 잘 견뎌내며 묵묵히 지혜롭게 살아온 나. 내가 나를 인정한다는 것은 그 누가 인정해 주는 것보다 훨씬 더 가치가 있고 의미 있다는 생각이 든다. 어느 하나도 포기하지 않고 열심히 노력하며 이제는 삶 속에서 나를 잘 챙기고 돌보며, 특히 전문가로 성장하는 나를 위한 선물을 해 주곤 한다.

상담자로서 나는 내담자의 표류하는 삶의 방향을 인도해 주는 중간 역할이라 생각하기에 더 성장하려 지금도 꾸준히 노력하고 있다. 이것은 내담자를 돕는 길도 되지만 나를 돕는 길도 된다. 마치 노을이 지고 어두워지면 밤하늘에 별과 달이 비춰 주어 꿈을 향해 나아갈 수 있다. 수많은 별과 노란 나비가 방향을 알려 주며 인도해 줄 것 같이 말이다.

미니사과와 감귤로 표현된 내 꿈의 항해.

표류하지 않고 항해하는 배.

어두운 밤에도 꿈이 있으면 별과 나비가 가야 할 방향을 알려
주듯이 자기 안에 설정된 삶의 방향을 믿고 포기하지 말고 도전
하라고 한다. 그러다 보면 방향을 찾을 수 있다는 의미를 담아
표현하고 나니 다시 할 수 있는 용기가 생긴다.

〈별이 빛나는 밤의 꿈〉
매체: 미니사과, 감귤

누구나 자기 자신 안에는 이미 타고 난 창의적인 문제해결 능력
이 존재한다고 생각한다. 나는 푸드표현 셀프 테라피를 하며 나
를 알아차리고 성찰하는 시간을 가진다. 감각적으로 느껴지는
자기 안에 설정된 삶의 방향을 구체화하기 위해 나는 푸 · 놀 ·

치(푸드표현하고 놀면 치유의 기적이!) 활동을 한다.

나의 작품을 통해 마음을 보고 내가 원하는 것이 무엇인지 그 꿈을 보게 된다. 이를 통해 명확히 하는 동기부여의 시간이 되었으며, 내 인생은 내가 설정하고 내 인생의 바다를 항해하는 것이다. 어디로 가야하는 것인지 방향도 나는 이미 알고 있다.

때때로 나를 의심하게 하는 막연한 불안으로 인한 내면의 소리가 올라올 때마다 나는 나를 만나는 자기성찰의 시간을 푸 · 놀 · 치를 통해 즐기곤 한다. 나의 푸드표현 작품을 보며 내 안에 있는 또 다른 아이가 있음을 알아차리고 이렇게 말을 해 준다.

"다 괜찮아, 잘하고 있고 앞으로도 잘될 거야. 너를 믿고 앞으로 가면 돼."라고....,

셀프 테라피를 위한 자기 성찰적 질문

1. **지금 당신에게 혼란스러운 마음이 있다면 잠시 멈추고 푸드 표현 셀프 테라피를 해볼 수 있나요?**

   1) 만일 푸드표현 셀프 테라피를 해보았다면 표현된 작품에서 당신에게 무어라고 속삭이나요?

   _____

   _____

   2) 조용히 자신의 무의식이 창조한 또 다른 나와 만나보세요?

2. **당신은 당신이 가고자 하는 길을 가고 있나요?**

   1) 내가 가고자 하는 길은 어떤 길인가요?

   _____

   _____

   2) 그 길을 가기 위해 지금 당장 즉시 실천할 수 있는 것은 무엇 인가요?

   3) 천리 길도 한 걸음부터라 합니다. 작은 실천 하나하나가 모여 어느 날 문득 내가 꿈속의 주인공이 되어 있겠지요. 지금 시작해 보셔요. 당신을 응원합니다.

나를 바라보는 거울

삶의 의미란 무엇일까?

4박 5일 동안 공주 한옥마을에서 진행된 푸드표현 집단상담. 길고도 짧은 닷새 동안 내게 화두는 '삶의 의미' 였다. 삶의 의미하면 떠오르는 '로고테라피' 의 창시자 빅터 프랭클 박사. 그는 영혼을 치료하는 의사로 영적으로도 성숙되어 있으며 로고테라피를 통하여 삶의 의미를 발견하고 공허감에서 벗어나 우울을 극복할 수 있다고 강조한 사람이다(Frankl, 1984).

빅터 프랭클은 2차 세계대전 당시 히틀러가 만든 죽음의 수용소에 수감 되었다. 아우슈비츠 수용소에서 인간으로서 받기 힘들었던 감정과 절망적인 상황에서 그는 의미 중심의 심리치료 요법인 로고테라피(Logotherapy)를 창시하였다(2000, 2017).

의미치료는 독특한 상황과 관련하여 자기 삶에 있어 의미를 위협받을 때 삶의 도전에 직면하여 의미를 발견하는 것에 중점을 둔다. 그가 인생을 포기할 수밖에 없는 절망의 순간에도 의미를 찾으려는 모습이 내게 깊은 여운을 주었다. 나는 많은 역할을 하며 살아가는 동안 힘들고 지쳐 있을 때 빅터 프랭클 박사 같은 마음의 영적 스승을 떠올려본다.

푸드표현 집단상담에서 끝없는 성장의 욕망이 담긴 작품이 나의 삶의 의미를 돌아보게 하였고, 나의 고유한 가치를 재발견하는 시간이 되었다. 더불어 삶을 다른 관점으로 볼 수 있게 되었으며, 작품으로 나의 마음을 표현하고 알아가는 과정에서 성장과 치유의 시간이 되었다.

〈끝없는 성장의 욕망〉
매체: 무순, 숙주, 메추리알, 깻잎

〈휴식 속의 성장〉
매체: 무순, 숙주, 메추리알, 깻잎

집단에서의 첫 작품으로 메추리알, 무순, 숙주, 깻잎을 활용하여 그냥 손이 가는 대로 표현하였다. 무의식 속에서 완성된 작품은 화려하지 않지만, 수수함 속에 아름다움이 느껴지는 꽃으로 표현된 것을 보니 기분이 좋아졌다. 그런데 옆에 계시는 선생님이 표현된 접시를 돌리며 "샘! 이렇게 보면 편안하게 기대어 쉬고 있는 모습 같아요."라고 하였다. 그 순간! ~

나에게 쉼이 필요하였지만 계속 전진만 하는 나를 자연스럽게 멈출 수 있도록 무의식은 내손을 통해 나에게 말을 걸어 온 듯하다. 늘 바쁘게 활동하며 긴장과 스트레스에 노출되어 있는 내게 재충전할 시간이 필요하였나 보다. 주어진 업무와 찾아서 해야 하는 역할 속에 스스로에게 진정한 쉼을 주지 못했던 나. 지금 이 순간 소진된 에너지를 충전해야 한다고 내 몸이 SOS를 보낸 것은 아닐까. 습관처럼 일에 묻혀 바쁘게 살아가는 나에게 무의식은 재충전할 시간을 선물한 거 같다. 심리학을 공부하며 나를 챙기는 시간이 필요하다는 인식은 하지만 익숙한 행동이 쉽게 변화되지 않는다. 늘 질주 본능을 가지고 전진하는 나에게 필요한 멈춤의 시간.

다른 일정을 다 미루거나 정리하고 공주 한옥마을에서 진행된

푸드표현 집단상담에 참여하였다. 집단활동을 통해 내가 알아
차리는 것도 있지만, 내가 미처 알아차리지 못하는 것을 도반
선생님들이 놓치고 있는 것들을 알아차리게도 해 준다. 더불어
다른 분들의 작품을 통해 내가 힐링의 에너지를 충전시키기도
하기 때문이다. 집단 프로그램 내에서도 나의 의식은 계속 배움
으로 성장하려 하고 전진하고 있었다. 그러나 무의식에는 쉼이
필요하다는 것을 알아차리지 못하니까 다른 시각으로 내게 말
을 걸어주는 몸의 소리.

더불어 유독 이 파란색의 작은 접시가 눈에 들어왔고, 내게는 파
란색이 편안함과 휴식을 주는 색이라 더 눈에 들어왔다. 분홍색
의 색지를 넣어 바탕에 깔아주니 따뜻하고 돌봄을 받는 듯한 기
분이라 좋았다. 마치 근심 걱정 없이 뛰어놀던 7살의 어린아이로
돌아가는 듯한 감성의 시간이었다. 내 삶에 있어 가장 편안하고
행복했던 시기였던 7살, 그 에너지가 어쩌면 힘든 순간마다 솟아
나며 7살의 순수한 에너지가 나를 돌보아 주던 것은 아닐까.

공주 푸놀치 집단활동에서 나를 돌보았던 시간은, 지금은 당면한
나의 과제인 박사학위 논문을 제대로 쓰는 데 도움이 되고 있다.
코로나로 집단활동을 진행하기에 여러 가지 어려움이 있어 이론
과 자료들을 준비하다 중단되었던 박사논문. 논문을 준비하면서

문득 석사논문 준비할 때 표현한 '꿈은 이루어진다' 라는 제목의
작품을 보면서 할 수 있다는 용기와 꿈이 다시 생겼다.

〈꿈은 이루어진다〉
매체: 당근, 띠포리, 당면,
꽃, 베이킹 데코펜,
장식 금줄

이 작품은 석사논문 청구심사를 앞두고 불안과 긴장으로 스트
레스를 극도로 받고 있던 나에게 응원을 주며 내 마음에게 보내
는 선물이었다.

마음속의 갈등들, 혹여 질문에 답변하지 못하면 어쩌나, 너무
몰아붙이면 어떻게 하지, 나는 잘할 수 있을까, 꼭 통과해야 하
는데, 이런 복잡한 마음들로 더 힘들었던 순간이 푸놀치 마음여
행 덕분에 차분해진 기억이 문득 떠올랐다. 내게 꿈과 희망의
동기부여가 된 푸·놀·치 활동. 나는 매일 밥상과 마주할 때

때로는 마음과 눈으로 푸드표현을 한다. 이렇게 할 수 있다는 용기와 기쁨이 큰 꿈을 이루는 그날을 생각하고 머릿속의 생각을 표현한 덕분에 나는 석사학위 과정을 잘 끝낼 수 있었다.

박사논문을 준비하며 내 안의 복잡한 감정들을 다스리기 위해 이번에는 셀프 테라피로 커피 가루 난화를 해 보았다. 스트레스는 인간의 모든 삶의 영역에 존재하기에 누구도 자유로울 수 없을 것이며, 경험할 것이다. 또한 인간이 적응해야 할 어떤 변화를 의미한다고 생각한다. 우리는 스트레스 상황이 되면 신체 반응이 활성화되고 응급상황에 반응하도록 신체의 자원들이 동원된다. 이때 몸과 마음에 그윽한 향으로 나를 치유해 주는 커피의 향기. 커피 가루를 만지며 몸과 마음이 편안하게 이완되는 듯했다.

난화 게임은 아무런 의도나 주제 없이도 할 수 있는 활동으로 자유롭게 매체를 그리거나 뿌리는 활동 속에서 자신의 느낌과 정서를 표현할 수 있다. 커피 난화는 얼마든지 쉽고 빠르게 변형이 가능하며 다양한 반응과 표현으로 접근할 수 있는 장점이 있는 매체이다. 더불어 커피 향이 주는 치유와 힐링은 긴장을 해소하여 부담을 덜어 주어 자연스럽게 감정을 이완할 수 있다 (김민용, 김지유, 2019).

향이 좋은 커피 가루로 난화 게임을 하며 인간이 심리적으로
나 신체적으로 감당하기 어려운 상황을 맞이할 때 느끼는 불
안과 위협적인 감정을 분출하여 긴장감을 해소하였다. 커피
향이 은은하게 후각을 자극하면서 편안함으로 내 몸은 이완되
고 있었다.

스트레스를 분출하고 몰입된 상태에서 표현된 첫 번째 작품에
서 소용돌이처럼 엉클어져 정리되지 않고 과부하가 일어난 나
의 뇌가 정돈되며 맑아지는 느낌을 받았다.

두 번째 작품은 긴장이 이완되면서 내 안에 있는 욕구가 자연스
럽게 표현되어 멋지게 비상하며 꿈을 실현하는 모습이다.

〈나의 스트레스를 날리다〉
매체: 커피 가루

〈꿈을 향해 비상〉
매체: 매체: 커피 가루

셀프 테라피를 하고 난 후 커피 한 잔의 여유를 갖고 바라본 하늘이 참 곱다.

한옥마을이 주는 여유와 밤하늘에 높이 떠 있는 수없이 많은 별들, 그리고 주변을 산책하면서 선생님들과 함께 나누는 담소로 시간이 어떻게 흘러가는지도 모르게 휙~~~ 지나가 버렸다.

그곳을 코로나가 끝나면 다시 가보고 싶다. 한옥마을은 나에게 휴식도 성장의 한 부분이고, 멈춤을 통해 더 멀리 갈 수 있다는 것을 알게 해 준 의미 있는 곳이다. 일 중독으로 살아 온 내가 과감하게 멈추고 쉼을 선택할 수 있는 것을 알게 해 준 의미 있는 곳. 푸드표현 집단에서 작품을 통해 나는 배움으로 연결되어 성장하고 더 큰 일들을 할 수 있다는 것을 알았다. 같은 작품이나 보여지는 방향에 따라 의미가 달라지는 것. 우리의 삶도 그렇지 않을까 싶다. 이렇듯 푸드표현 셀프 테라피는 삶 속에서 나를 바라보는 거울이 되기도 한다.

나는 이 두 작품을 통해 "인생 뭐 있어, 생각하기 나름이지. 내가 가고자 하는 방향으로 가면 되는 거야, 뭘 두려워하고 뭘 고민하고 있어, 너는 그동안 수많은 일을 포기하지 않고 지금 여기까지 해 왔잖아, 너 자신을 믿어 봐,"라고 내가 나에게 말을 해주고 있었다. 또한 나의 에너지가 소진되었을 때는 과감하게 자기 자신에게 휴식을 주는 것이 더 멀리 갈 수 있다는 것을 알게 해 준 소중한 시간이었다.

이렇게 에너지를 충전한 나는 내가 가고자 하는 길을 다시 뚜벅뚜벅 걸어갈 것이다.

그리고 지금 이 순간 프랭크 시나트라가 부른 My way~ 노래 가사가 흥얼거려진다. ♪♪

물소의 뿔처럼 우뚝 서서 당당하게! 나의 길로....,

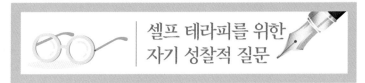

셀프 테라피를 위한
자기 성찰적 질문

1. 우리 자신의 삶의 의미를 한번 생각해 봅니다.

1) 의미 있는 삶은 어떤 모습일까요?

----

2) 자신에게 의미 있다고 여겨지는 것은 어떤 부분인가요?

----

3) 주위 사람들의 모습을 살펴보면 특히 기분 좋게 다가오는 누
군가가 있을까요?

----

2 자신의 삶의 목적과 성취를 위해 어떻게 할 수 있는지 한번 생각해 봅니다.

1) 삶의 목적은 어떤 것인가요?

----

2) 그 목적을 이루고자 지금 나는 어떤 행동을 선택할 수 있나요?

----

3) 지금 당신에게 의미 있는 삶을 위해 긍정적으로 해주고 싶은 말은 무엇인가요?

당신의 의미 있는 삶을 응원합니다. 아자! 아자!

이정민

- 디자인학 박사(시각디자인)
- 미술심리치료 전문가
- 색채심리치료 전문가
- 국제 공인 소매틱 동작 교육자(ISMETA)
- 국제 공인 소매틱 동작 치료사(ISMETA)
- 부산과학기술대학교 산업디자인과 교수
- lljmm@naver.com

PART_5

● ● ●

인생 2모작에서 동행한
푸드표현예술치료

1. 멋진 나의 인생, 3모작
2. 공부할머니의 행복 일상
3. 흔들리며 피는 꽃들

이정민
디자인학 박사(시각디자인)

Contents

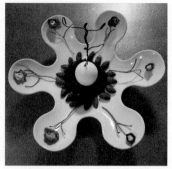

〈꽃들과 함께 세상 밖으로〉

1. 멋진 나의 인생 3모작

나의 미래 인생3모작을
준비하고 있다.
이제 새롭게 출발하는 나의 길 나의 꿈,
나의 비움이 누군가에게는
채움의 여정이 될 수 있도록
한 발자국씩 나의 미래를 희망으로
채워 가련다.

〈매화〉

2. 공부할머니의 행복일상

주위에 할머니가 많은
손녀 하이는
나를 '공부할머니' 라고 부른다.
하루하루가 마치 선물처럼
지나감에 감사하며 푸드 매체로
손자손녀들과 행복한 일상을
만들어가고 있다.

〈아름다운 결실〉

3. 흔들리며 피는 꽃들

대학생을 대상으로
한 푸드 매체를 이용한
색채심리 수업은
자기 자신을 좀 더 알게 됨으로써
적극적이고 긍정적 정서로
변화되었다.

멋진 나의 인생, 3모작

노년기가 길어지면서 '100세 시대' 라는 말이 흔하게 들려오는 요즘, 노후를 어떻게 보내야 할까는 중요한 이슈이다. 김동기의 〈인생 3모작과 나〉에서는 인생을 부모가 보살펴 준 학창 시절까지를 1모작, 자신이 생활의 주체가 되어 생활하고 자녀를 키우는 시기를 2모작, 퇴직 후 연금 보험 등으로 살아가는 노후를 3모작이라고 하였다(2015).

나 역시 퇴직을 앞두고 인생 3모작을 준비하고 있다. 나의 인생 2모작 과정 중에 만난 춤테라피와 푸드표현예술치료는 내 삶의 전환점이 되었으며, 인생 3모작을 새롭게 준비할 수 있게 하는 계기가 되었다.

나의 인생 2모작 과정에서 푸드표현예술치료를 만나기 전에 몸으로 치유하는 춤테라피 과정을 밟았다. 나에게 있어서 몸이란 그저 내가 활동할 수 있게 하는 '몸뚱이' 일 뿐 그 이상, 이하도 아니었다. 하지만 2박 3일 침묵의 에니어그램 피정[2], 몸으로 하는 프로그램에 참여하면서 나의 잘못된 생각이었음을 깨달았다. 처음에는 이 프로그램을 시작한 것을 후회했었다. 움직여춤을 춘다는 것, 춤과는 거리가 먼 나의 뻣뻣한 몸이 움직여지지 않을 것 같았기 때문이다. 눈을 감고 상대방의 이끌림에 따라 자연을 느껴보기, 발부터 머리까지 수고한 내 몸을 만나고 마사지하기, 누워서 몸 전체의 감각을 깨우기 등 프로그램이 진행되면서 차츰 굳어 있는 내 몸이 조금씩 열리기 시작했다. 눈을 감으니 점점 내 안으로 몰입되면서 주변을 의식하지 않게 되었고, 몸의 근육이 풀어지면서 주위를 신나게 돌아다니며 움직이는 나를 발견하게 되었다.

내 몸과 내면에서 우러나오는 감정의 만남이 이루어진 순간 전율이 일어났고, 주체할 수 없을 만큼 흐르는 눈물은 통곡이 되었다. 지금까지 내 욕심으로 혹독하게 고생시킨 내 몸이 불쌍했고 미안했다. 이렇게 피정에서 춤을 만나며 '나' 자신을 바라볼 수 있게 되었고, 춤 속에서 '내면아이'[3]도 만날 수 있었다. 그렇

2) 예수마음 배움터에서 에니어그램 심화과정의 한 부분으로 2박 3일 동안 침묵으로 묵상과 성찰 등을 하는 종교적 수련.

3) 상담에서 사용하는 용어로 한 개인의 정신 속에서 하나의 독립된 인격체처럼 존재하는 아이의 모습.

게 시작한 춤은 나의 모든 부분을 변화시켰다.

몸에 대한 알아차림을 전문적으로 공부하기 위해 한국 타말파 연구소를 찾았다. 타말파 교육 중 내 안의 무엇인가가 조금씩 꿈틀꿈틀하기 시작했다. 몸을 만나면서 내 안의 슬픔과 기쁨을 만났고, 정서와 감정을 몸으로 표현할 수 있음을 알게 되었다.

미국 샌프란시스코 타말페이즈 마운틴에 있는 타말파연구소에서 진행한 3주간의 레벨3 수업, 그리고 안나 할프린 선생님과의 만남은 내 인생을 다시 시작하는 계기를 제공해 주었다. 안나 할프린 선생님의 가르침 안에서 나를 되돌아보게 되었다. 타말 페이즈 마운틴에서의 자연의 춤은 나의 세포 하나하나를 열고 자유자재로 숨 쉬게 하였다. 긴장되고 무장되어있는 근육이 풀리기 시작했다. 칙센트미하이의 〈몰입—미치도록 행복한 나를 만난다〉(2004)에서처럼 마치 하늘을 자유롭게 날아가는 느낌과 물 흐르는 것처럼 편안함을 느끼며 여유로운 마음으로 더욱 성숙해졌다.

안나 할프린의 〈치유 예술로서의 춤〉에 의하면, '동작은 세포와 맥박 그리고 피와 호흡의 리듬이 만들어 내는 몸짓'이라고 하였다.(2002) 그 동작이 나에겐 생명이었으며, 내가 겪은 무한한 감정과 느낌을 동작으로 표현할 수 있음을 깨닫게 되었다. 어느 순간 남을 의식하지 않는 나를 발견하게 되었다. 부산역 광장, 해운대 바닷가, 광안리, 금정산 등등 몸을 자유롭게 움직이며 동작을 표현할 수 있는 공간이면 그곳에서 나만의 춤을 추었다. 몸을 움직이는 타말파 표현예술치료 전 과정을 마친 후 사람들과의 관계에서도 나는 마음이 여유로워졌고 자신에 대해 관대해졌다. 딸들이 엄마의 표정이 예전에 비해 많이 밝아졌다고 했다. 지금 이 순간을 사는 것 자체가 희망이었고 감사였으며, here and now, 즉 살아있는 그 순간만이 의미로 다가왔다. 내 삶에서의 희열, 흥분, 분노, 통곡의 감정들은 살아있는 나를 자각하게 하는 시간이었으며, 이것을 알아차리는 것 또한 소중한 시간으로 다가왔다.

그 당시의 나를 생각하며 푸드 매체로 작업을 해 보았다. 파프리카 꼭지와 에너지를 주는 아몬드, 산수유를 사용하였으며 활력이 넘치는 나의 이미지를 붉은 철사 끈을 이용하여 표현하였다. 막상 푸드 작업을 하고 나니 수레바퀴에 내가 갇혀 있는 것 같은 답답함이 보였다. 답답함을 벗어나기 위해 붉은색의 산수유를 사용하여 해바라기 꽃으로 표현하였다. 내가 중심이 되어 주위에서 춤을 추고 있는 꽃들과 함께 세상 밖으로 나가는 모습이 상상되었다.

〈수레바퀴에 갇혀 있는 나〉　　〈해바라기 꽃〉　　〈꽃들과 함께 세상 밖으로〉

이렇게 춤테라피에 몰두하고 있을 때 전혀 예기치 않았던 코로나19로 모든 환경이 바뀌기 시작했다. 나는 그에 적응하려고 학교에서는 비대면 수업을 준비하고, 변화에 대응하기 위한 새로운 자료들과 수업 방법을 찾아 밤새 인터넷 세상을 이리저리 헤집고 다녔다. 배고프지 않아도 때가 되면 밥을 먹는 것처럼 내 머릿속에 무언가를 꾸역꾸역 집어넣어야 했다. 시간은 나를 기다려 주지 않았고 점점 더 빠르게 지나갔다. 시간의 속도를 따라잡느라 매일 허겁지겁 150km로 달렸다. 몸으로 움직임을 할 수 있는 시간들이 점점 줄어 들었고, 대부분 활동들이 온라인으로 대체될 때 우연하게 푸드표현예술치료를 만났다.

푸드표현예술치료를 만난 것 또한 내 운명에서의 큰 전환점이 되었다. 다양한 상담치료 방법들을 공부하던 중에 푸드표현예술치료는 나에게 새롭고 신비하게 다가왔고, 또 다른 창조성을 깨워주는 표현예술 시간이었다.

푸드로 나 자신을 상징과 은유적으로 표현하면서 온전히 몰입하는 나를 발견하였다. 푸드표현예술치료 자격 과정 첫날 자신을 표현하라고 했을 때 냉장고에 있는 팽이버섯과 씨리얼을 푸드매체로 사용했다. 그림으로 나를 표현하라고 할 때는 다른 사람에게 어떻게 보여 질까 고민했었다. 그러나 푸드로 표현하려고 하니 주변의 시선이 전혀 의식되지 않았다. 또한 바나나를 이용하여 '밤에 핀 흰 민들레'를 완성시켰다. 바나나 껍질이 마르면서 이렇게 멋진 형태를 만들 줄이야 누가 상상이나 했을까? 이렇게 시작한 푸드표현예술치료는 타말파 연구소에서 교육받던 그때의 감정이 되살아나면서 온전히 빠져들었고 그 자체만으로 성취감을 느꼈다.

〈민들레 홀씨〉

〈밤에 핀 흰 민들레〉

코로나19 상황에서 심리적 거리감을 줄이기 위해 참석한 한국 푸드표현예술치료협회의 온라인 줌화상 공개강좌가 어느새 80회를 지나고 있었다. 이 강좌 중 김민용 회장님의 '나를 EGO의 감옥에서 탈출하기'는 지난 36년 동안 사회적인 가면을 쓰고 살다가 새로운 삶으로 변환시키려고 할 때 일어나는 불안감과 두려움을 극복하게 해 주었다. 가면을 하나씩 벗고 나니 자유로운 나를 발견할 수 있었다.

지난날을 되돌아보면서 이제 6개월 남은 정년 이후인 인생 3모작에 대해 생각한다. 김민용 회장님은 특강 〈채움과 비움〉 중에서 "삶은 살아내는 것이다."라고 하시면서 "비움은 너에게서 나에게로 나에게서 너에게로 내어줌, 즉, 나눔의 의미가 곧 삶의 의미"라고 하였다.

수단의 남부 톤즈에서 아이들을 위해 헌신적인 봉사활동을 하시다가 선종하신 이태석 신부님처럼 삶을 살아갈 수는 없겠지만, 앞으로의 여정은 이태석 신부님의 삶을 흉내라도 내고 싶다. 흉내를 내면서 채움과 비움이 함께한다면 건강한 나를 만날 수 있지 않을까. 남들에게 보이기 위한 비움이 아니라 진정 내면에서 우러나오는 비움을 실천해 보는 한 해가 되기를 소망해 본다.

'채움과 비움'을 떠올리며 푸드 작업을 했다. 내가 지금까지 결실을 맺었던 것들을 하나하나 생각하며 작업을 한 후 그 결과를 가지고 비움의 과정을 거치고 나니 나라는 존재가 더 뚜렷해져 있음을 알 수 있었다.

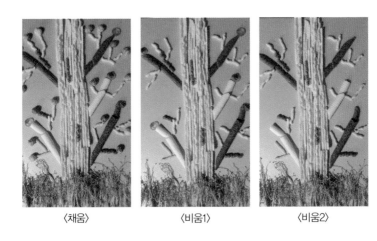

〈채움〉　　　　　　〈비움1〉　　　　　　〈비움2〉

이 책이 나올 즈음엔 나의 새로움이 시작되는 아담한 심리 상담실(마음놀터 예술심리상담센터)이 오픈된다. 정년 후 나의 미래를 위해 딸이 준 선물이다. 새롭게 출발하는 멋진 여정에서 나의 비움이 누군가에게는 채움이 되기 위해 인생 3모작의 새로운 꿈을 향해 한 발자국씩 움직이며 나의 미래를 희망으로 채워가고 있다. 나의 인생 3모작은 작은 공간에서 시작하지만, 동작과 푸드가 함께할 수 있는 공간에서 움직임으로써 자신을 발견하고 그것을 푸드 매체로 작업까지 할 수 있기를 희망해 본다. 다가올 미래는 지금처럼 설렘과 감사로 채워지지 않을까.

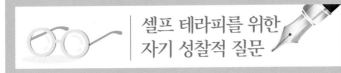

셀프 테라피를 위한
자기 성찰적 질문

1. 편한 자세에서 눈을 감아 보세요.

   그리고 이완을 위해 코로 숨을 크게 들이쉬고 입으로 "후"

   를 세 번 반복해 보세요.

   이제 당신의 내면으로 들어갑니다.

   과거의 한 장면을 떠올려 보세요.

   그 장면은 그림처럼 그려져 있고, 소리도 들리고 느낌도 있

   습니다.

   – 어떤 장면이 그려지나요?

   – 그 장면의 색은 어떤 색들로 표현되어져 있나요?

   – 소리는 어떻게 들리나요?

   – 전체 그려진 느낌은 어떤 느낌인가요?

이 느낌을 기억하면서 냉장고에 있는 푸드 매체를 가지고 마음을 자유롭게 표현해 보시기 바랍니다.

2. 나의 인생 3모작 중에서 미래의 3모작에 대해 계획하고 계신 것이 있으신가요.

    계획하신 것을 구체적으로 작성해 보세요.

    그리고 가까운 사람들에게 이야기해 보세요.

    말에는 신비한 힘이 있어 용기가 생기고 꼭 이루어진답니다.

    ----

3. '채움과 비움'에 대해 생각해 보셨나요?

    당신은 채움에서 지금까지 어떤 것을 채우셨나요?

    그리고 비움에서 무엇을 비우고 싶으신가요?

    나의 비움이 누군가의 채움이 됩니다.

〈해바라기 꽃〉

02 공부할머니의 행복 일상

"공부할머니 오늘은 뭐하고 놀아요?" "학교 놀이 해요." "소꿉놀이해요." 플라스틱으로 만든 여러 가지 채소와 과일 등을 예쁜 접시에 보기 좋게 꾸며 온다. 색에 대한 감각도 있어 하얀 플라스틱 접시에 꾸며 놓은 것을 보면 먹음직스럽다.

'공부할머니'

손녀 하이는 나를 '공부할머니' 라고 부른다. 아기를 돌보는 할머니는 이모할머니, 친할머니는 제주할머니, 외할머니인 나는 공부할머니다. 할머니가 많다 보니 이렇게 불려졌다.

나이 60이 넘도록 공부하면서 가르치고, 지금도 무엇인가 배움을 좇아가는 내 모습에 둘째 딸이 붙여주었다.

나는 다섯 손자손녀를 둔 할머니다.

나의 다섯 손자손녀는 첫째 딸에게서 태어난 손자 서준, 3년 후 태어난 둘째 손자 지안, 다음해 둘째딸에게서 태어난 하이,

2년 후 태어난 넷째 손자 이한, 그리고 올해 태어난 다섯째 이준 이다.

푸드표현예술치료를 알기 전에는 만날 때마다 무엇을 하면 우리 손자손녀가 좋아할까를 고민하면서 아이들을 만났다. 그런데 푸드표현예술치료를 만나면서 냉장고에 있는 것들을 꺼내 "오늘은 음식 재료로 무엇을 만들어 볼까?"로 시작했더니 아이들은 흥미를 가지고 사뭇 진지하게 참여했다. 창의력을 발휘해 멋진 작품도 만들었으며, 스스로 만들었다는 만족감으로 행복해 했다. 김민용·김지유가 쓴 '건강하고 맛있는 창의융합' 〈푸드표현예술치료〉에서 "푸드표현예술치료는 언제 어디서나 음식 재료를 사용하여 내면의 욕구를 표현할 수 있으며, 이렇게 일상생활 속에서 쉽게 활용하고 적용이 가능하다."고 한다 (2019). 이처럼 쉽게 접근이 가능하여 아이들에게도 적용할 수 있는 셀프 테라피라고 전하고 있다. 푸드표현 활동은 어린이들에게도 재미있는 놀이가 될 수 있음을 손자손녀들과 같이 푸드놀이를 하면서 느꼈다.

뇌 과학자 서유헌은 〈푸드표현예술치료〉에서 자녀의 미래는 엄마 표 뇌 교육에 달려있다고 밝히며 0~3세의 뇌 발달을 돕기 위해 전뇌가 고루 발달하도록 다양한 자극을 주어야 한다고 하였다. 자녀들을 교육할 때 자기감정이나 생각을 잘 표현할 수 있고 인지기능이 빠르게 발달하는 초등학교 시기부터 다양한 자극을 주면서 재미있게 학습하는 것이 자녀의 언어발달 및 교육에 도움이 된다고 하였다.(2019)

서울에 사는 손자 9살 서준이와 6살 지안이는 방학이 되면 나와 함께 미술치료, 춤 테라피, 색채 등을 활용하여 뛰어놀고 춤을 추며 그림을 그렸다. 아이들은 다양한 색으로 그림을 그리고 움직임 놀이에서 자신을 드러내 보였으며, 창의적인 작품들을 쏟아냈다. 이제는 내가 서울에 간다고 하면 손자들은 할머니가 어떤 재미있는 놀이를 가지고 올까 궁금해 한다. 요즘은 재미있는 놀이 중에 빠지지 않고 준비하는 것이 푸드표현 활동이다.

"오늘은 김으로 재밌게 표현해서 김밥을 만들어서 먹을 거야. 무엇을 표현해 볼까?"

"내 얼굴을 표현할 거예요."

"노란색 계란(지단)으로 머리카락을 표현해야지."

"머리카락 색깔이 갈색이니깐 이것(우엉)으로 당근도 같이..."

"우와! 멋진 왕자님이네."

"할머니 멋있죠?"

"안경알이 하나는 동그랗고 한쪽은 네모네, 창의력 최고!!!"

안경 테두리가 꼭 똑같을 필요는 없다고 생각하는 서준이. 노란 지단으로 숱이 많은 멋진 머리카락을 꾸민 지안이.

이런 표현으로 잠재되어 있는 아이들의 생각들을 알아보고 그것에 맞게 교육이 필요하다고 생각한다.

준비한 김밥 재료를 가지고 자기 얼굴을 표현하는데, 흰밥을 김에 펼칠 때 김이 말려드는 것을 최소화하기 위해 조그마한 숟가락으로 신중하게 밥알을 펼치고 밥알 위에 눈, 코, 입, 머리카락을 표현했다. 안경을 낀 서준이는 안경 쓴 자기 얼굴을 푸드로 표현한 것을 신기해했다. 지안이는 집중력을 발휘해 자기 얼굴을 표현하고 나자 뿌듯해했다.

〈서준〉

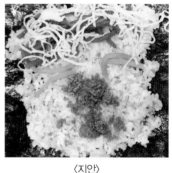
〈지안〉

어느 날 큰딸이 카카오톡으로 사진을 보내왔다. 서준이가 저녁을 먹는데 아욱 된장국에 두부, 그 위에 아욱과 삼겹살, 쌈장을 이용해 꾸몄다고 한다. 제목은 '꽃지함' 이라고 했다. 사진을 보는 순간, 호수 위에 배를 띄워놓고 배 위의 활짝 핀 무궁화꽃으로 자신을 드러내 보이는 것처럼 느껴졌다. 당당한 자신감을 마음껏 드러내 보인 서준이의 푸드표현 예술 작품에 나는 기분이 좋았다. 서준이는 할머니가 서울에 오면 이렇게 멋진 푸드표현 작품을 보여 주겠다고 했다. 할머니가 곁에 없어도 손자손녀는 이렇게 밥상에서 적극적으로 상상의 나래를 펼쳐 푸드로 창의적인 놀이를 하면서 자신의 꿈을 확장해 가고 있었다. 참 예쁘고 대견했다.

〈꽃지함〉

김민용 · 김지유의 〈푸드표현예술치료〉에 의하면"아동은 신나
는 푸드 표현활동을 통해 자신감을 찾고 당당하게 자신을 표현
하는 힘을 기를 수 있다."고 한다. "오감을 자극하는 조형 활동으
로 유 · 아동의 잠재되어 있는 능력을 개발하는 것은 무엇보다
중요하다. 조형놀이나 표현활동은 그들에게 인지능력이나 사고
력 창의력 등 인간의 다양한 감각을 개발할 수 있게 한다."고 했
다. 우리 손자손녀들은 일상생활에서 밥상을 대할 때마다 푸드
표현 활동에서 오감을 깨우고 오감 활동으로 창의력과 직관력
이 향상되고 있음을 느꼈다. 또한 마음과 두뇌에 긍정적인 자
아와 인지능력도 키우고 있다고 생각한다.

하이 나이는 5살. 태어날 때부터 같이 지내는 날이 많다 보니 여
러 가지 놀이를 함께해 왔다. 특히 푸드를 가지고 놀이를 할 때
는 다른 때보다 더 집중하고 완성하려는 의욕이 보였다.

    "하이야, 이번에는 김으로 가족 얼굴을 만들어 볼까?"
    "네 좋아요."
김 위에 밥알을 얹는데 작은 숟가락으로 하려니 힘들어해서 도
와주었다.

"완성되면 김밥처럼 돌돌 말아 먹어야 해."

"아빠, 내가 아빠 얼굴 만든 것은 아빠가 먹고, 엄마 얼굴 만든

것은 엄마가 먹어야 돼요."

"알았어. 예쁘게 만들었네."

"엄마는 머리가 길어서 이렇게 만들었어요."

첫 번째 얼굴을 만들고 나서 누구냐고 물어보니 공부할머니라

고 했다. 왜 할머니를 먼저 만들었냐고 하니 "좋아서"라고 수줍

게 미소 지으며 대답했다. 하이랑 잘 놀아줘서 그런 것 같다.

다음에는 하이를 만들고 엄마를 만들었다. 엄마는 머리가 길어

서 우엉으로 머리카락을 표현했다. 다음 아빠를 만들었다. 아빠

를 만들고 더 이상 안 만들려고 해서 남동생 "이한이는 왜 안 만

들어?"라고 물어보니, 이한이는 누나를 때려서 안 만들고 싶다

고 했다. 자주 다투다 보니 동생에 대한 원망이 생겨 동생 얼굴

을 안 만드는 것 같았다. 그러나 시간이 좀 지나자 동생 얼굴을

표현했는데, 김 위에 표현한 동생 얼굴은 웃고 있어서 그 나이

또래 형제간의 감정을 엿볼 수 있었다.

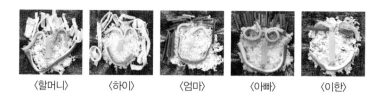

〈할머니〉　　〈하이〉　　〈엄마〉　　〈아빠〉　　〈이한〉

하이와 커피 가루를 가지고 난화 작업을 했을 때 처음에는 커피
가루가 손에 닿는 것을 싫어했었다. 부드러운 모래를 만지는 것
과 같다고 이야기해 주며 2절 켄트지 위에 커피 가루를 손에 쥐
고 뿌려도 보고 흩트리게 하면서 커피 가루와 친해지게 했다.

난화를 하고 난 뒤 제목을 붙여보라고 했더니 '올빼미가 앙하는
모습'이라고 했다.

'둘이서 함께' 연결 작업인 딱풀과 커피 가루를 이용한 활동에서
하이 이름이 나오자 "우와 내 이름이 보여요."하며 신기해했다.
옷이랑 손에 커피 가루가 묻었지만 하이 이름이 보이자 완성된
작품을 보며 매우 즐거워했다.

〈올빼미 앙하는 모습〉

〈강하이〉

색 소금으로 '소망병 만들기' 에서는 병에 색 소금이 쌓이는 과정에 호기심을 보이며 신기해했고, 밖에서 구해온 나뭇가지에 콘스낵과 바나나 볼을 꽂고는 '매화' 라고 이름을 붙여주었다. 매화의 꽃말은 인내, 맑은 마음으로 무슨 일이든 끝까지 하려는 하이의 마음을 그대로 표현한 듯했다.

〈매화〉

〈엄마와 이한 얼굴〉

〈반죽하는 하이〉

"하이야, 오늘 점심은 우리 수제비를 만들어 볼까?"

"좋아요!"

"이건 백연초 가루, 이건 단호박, 이건 쑥, 이건 녹차, 이건..."

밀가루와 천연색 가루를 섞어 반죽하는데 이젠 반죽이 손에 묻어도 즐거운 표정으로 반죽을 했다. 천연색 가루 중에 백연초로 엄마와 남동생 얼굴을 표현했는데, 엄마는 하이가 예쁘게 만들고 있는 모습에 감동받아서 눈물을 흘리는 얼굴이라고 했다. 손으로 반죽을 하면서 신난 하이의 모습에 나도 덩달아 행복했다. 하이는 원래 수제비를 잘 안 먹었는데 자기가 만들었다고 맛있게 잘 먹었다. 이때 당시 둘째 딸이 셋째를 출산하기 위해 병원에 있어서 엄마 생각이 많이 난 것 같았다.

푸드 놀이는 손자손녀와 할머니를 행복한 만남으로 이어갈 수 있게 해주는 것 같아 푸드를 만난 것이 나에게는 큰 행운이다. 코로나19로 자주 만나지 못하지만 만날 때마다 푸드로 놀 수 있는 다양한 활동에서 창의성을 깨우고 잠재능력을 개발시켜 줌으로써 몸도 마음도 건강한 아이들로 성장할 수 있을 것으로 기대한다. 내년이 되면 4살이 되는 이한이와 나의 다섯째 손자 이준이의 푸드표현은 어떻게 나올까 벌써 궁금해져 입가에 미소가 그려진다.

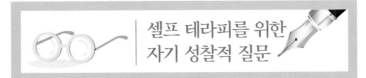

셀프 테라피를 위한
자기 성찰적 질문

1. 잠시 눈을 감고 어린 시절로 되돌아가 봅니다.

   어린 시절 흙과 돌멩이, 들판에 핀 들꽃들을 가지고 소꿉놀이를 하던 때를 떠올려 봅니다. 그때 떠오르는 기분 좋은 추억이 있다면 간단하게 글을 적어 봅니다.

   글로 표현된 기분 좋은 그때 그 순간....

   즐거운 추억을 푸드로 표현하고 기쁨을 드셔보시면 어떨까요.

   ----

2. 당신은 일상에서 어떨 때 만족스럽고 행복감을 느끼시나요?
   행복감을 느낄 때를 상상하면서 푸드로 표현하는 활동을 해보세요.

   ----

3. 만약 행복한 일상이 없다는 생각이 들어 기분이 가라앉는다면....

그런데 행복하고 싶으시다면 일부러 '행복한 상상 선택하기'를 해보세요.

정말 행복한 일이 생긴답니다.

우리의 뇌는 자신이 행복하길 원하거든요.

03 흔들리며 피는 꽃들

　　코로나19 팬데믹으로 중단된 내적 치유에 대한 갈망은 푸드표현예술치료와의 만남으로 해소되었고 내 인생의 반 이상을 차지한 학생들을 가르치는 일에 활기를 더해 주었다. 자격취득을 위한 강의 시간에 김민용 회장님이 보여주신 PPT 화면 속의 글, 도종환 시인의 〈흔들리며 피는 꽃〉이 학생들에게 용기를 줄 수 있는 메시지인 것 같아 학생들에게 보여주며 사색하는 시간을 가졌다.

〈흔들리면서 피는 삶〉　　〈결실을 맺기 위한 열정〉　　〈아름다운 결실〉

흔들리며 피는 꽃 4)

도종환

흔들리지 않고 피는 꽃이 어디 있으랴

이 세상 그 어떤 아름다운 꽃들도

다 흔들리면서 피었나니

흔들리면서 줄기를 곧게 세웠나니

흔들리지 않고 가는 사랑이 어디 있으랴

젖지 않고 피는 꽃이 어디 있으랴

이 세상 그 어떤 빛나는 꽃들도

다 젖으며

젖으며 피었나니

바람과 비에 젖으며

꽃잎 따뜻하게 피웠나니

젖지 않고 가는 삶이 어디 있으랴

---

4) 도종환, 꽃, 문학동네, 2012

아름답고 성숙한 어른으로 피어나기 위해 우리 또한 아픔을 이겨내고 가야 한다는 도종환 시인의 시구가 가슴을 울려서 푸드로 표현을 해 보았다. 푸드 매체로 방풍과 파프리카를 사용했다. 방풍은 꽃을 피우는 줄기로 주위의 시련 등을 막아주는 의미를 가지고 있다. 줄기 하나하나를 엮으면서 지금까지 걸어왔던 나의 삶이 주마등처럼 뇌리를 스쳐 지나갔다. 방풍에서 활짝 피어나는 꽃은 노랑과 빨강 파프리카를 사용하였고 결실을 맺기 위한 노력을 꽃잎 한 장 한 장으로 표현하였다.

새 학기가 시작되는 3월, 푸드표현예술치료의 매력에 푹 빠져있던 나는 이것을 2학년 학생들에게 적용시키고 싶었다. 색채심리 강의계획서를 수정하여 푸드표현과 미술표현을 병행하는 강의로 계획하였다.

강의 첫날 학생들에게 푸드 재료와 서로 교감을 갖게 하기 위해 꼬깔콘 과자를 개인에게 한 봉지씩 나누어 주고 높이 쌓기를 하였다. 처음에는 무엇을 어떻게 할지 몰라 서로 눈치를 보았다. 수업 시간이니 해야 된다는 의무감에 손가락에 한 개씩 끼워 올리기 시작하였다. 진지한 표정으로 가장 높이 쌓으려고 손가락에 집중하였고 쌓기를 한 후 어린아이들처럼 즐거워하였다. 이번에는 꼬깔콘을 가지고 '나는 누구인가'를 주제로 자신을 표현해 보도록 하였다. 꼬깔콘을 사면 그냥 먹기만 하던 학생들이 '나는 누구인가'를 주제로 자신을 표현해 보라고 하니 난감한 표정을 지었다. 예시를 보여주자 그제야 작업을 하기 시작하였다. 이렇게 학생들은 생전 처음으로 푸드표현예술치료와 만나는 시간을 갖게 되었다. 내담자5)가 아니라 교육받는 학생들, 특히 디자인과 학생들이라 그런지 예쁘고 멋있게 보이고 싶은 욕구로 작업시간이 오래 걸렸다.

〈선인장〉
"다른 사람들에게 말하는 것이
어려워요."

〈소나무〉
"사철 푸른 소나무예요.
푸드 작업을 하면서 힘이 생겼어요."

---

5) 심리적인 문제나 어려움을 혼자 해결하는데 어려움을 느껴 상담자의 도움을 받아 해결하고자 하는 사람.

자신을 선인장이라고 한 수정이(가명)는

> "선인장은 가시가 있지만 꽃말 같이 열정과 불타는 마음을 표
> 현했어요."
> "그런데 다른 사람들의 눈에는 제가 선인장의 가시 같은지 말
> 붙이기를 어려워하는 것 같고, 저 역시 다른 사람들에게 말하는
> 것이 어려워요."

대인관계에서 어려움을 느끼고 있는 수정이는 이렇게 말하며
첫 작업을 시작하였으나 10주차에 라면을 이용한 'Hear and
new'에서는 자신을 '사철 푸른 소나무'로 표현하였다. 학기가
끝날 즈음에는 스스로 먼저 발표하겠다고 이야기할 정도로 자
신감이 생겼고 손을 들어 질문을 할 정도로 성격 또한 활발해졌
다. 밖으로 보이는 자신을 다른 사람은 어떻게 생각할까를 의식
해서 관계가 어려웠던 수정이는 푸드 작업에서 있는 그대로 자
기를 받아들임으로써 자기 수용의 자세, 즉 자아존중감을 높일
수 있었다.

너새니얼 브랜든의 〈자존감의 여섯 기둥〉에서 수정이는 두 번
째 기둥인 자기수용의 실천 과정을 푸드 작업에서 이루었다고

볼 수 있다. 너새니얼 브랜든에 의하면"자신을 소중히 여기고 존중하면서 자신의 감정을 받아들이고, 자기가 바꿀 수 없는 것들을 있는 그대로 받아들일 때 우리는 더욱 강해지고 집중할 수 있게 된다."고 하였다. "현재의 자기모습을 받아들이지 못하고 자기가 싫어진다면 우리는 자신에게 실망하고 낮은 자아존중감을 갖게 된다."고 한다(2015). 수정이는 푸드표현 활동에서 자신을 바라보고 이해하는 시간을 가지며 자아존중감을 높일 수 있는 계기를 발견하게 되었다.

〈바람 부는 날〉
"강아지는 불안한, 두려운 등으로 표현했고, 바람은 즐거운, 활기찬 등으로 표현했어요."

〈우산〉
"어렵고 힘든 사람들을 보호하고 싶어요."

학생들과 실습 과정 중에 '지난 일주일 동안의 감정표현'을 주제로 건빵을 이용하여 다양한 감정 단어를 적어 꾸미기를 하였는데, 은숙이(가명)는 작품 제목을 '바람 부는 날'이라고 하였다. 강아지로 표현한 감정 단어는 지루한, 불안한, 두려운, 몽롱한, 막막한 등의 부정적인 단어들을 적용시켰다. 바람으로 표현한 감정 단어로는 즐거운, 홀가분한, 활기찬, 편안한, 안정적인. 상쾌

한 등의 긍정단어를 사용하였다. 강아지가 자신이라고 말하였는데, 본인의 현재 마음을 그대로 표현한 것 같았다.

"지난 일주일 동안의 감정 단어에서는 긍정적인 단어와 부정적인 단어 중 어떤 부분이 많이 나왔나요?"

"긍정적인 단어들이 조금 더 나왔는데, 그중 똑같은 감정 단어들이 많이 나왔어요."

"이 감정 표현을 통해 무엇을 알 수 있었나요?"

"제 일상의 감정들을 더 자세히 들여 다 볼 수 있었고, 이 감정들을 적절히 조절해야겠다고 생각했어요."

"완성된 작품은 무엇을 의미하나요?"

"여러 가지 일과 앞으로의 진로 등이 겹쳐 생각들이 많다 보니 저를 강아지로 표현했고, 바람은 희망을 상징하는 의미로 표현해 봤어요."

"불어오는 바람으로 인해 강아지에게 힘이 생길 것 같아요. 에너지가 넘쳐 보여서 앞으로 잘 대처할 수 있겠어요."

뻥튀기를 이용한 푸드 표현에서는 다른 사람에게 보이고 싶은 나의 모습 '페르소나'를 표현하도록 하였는데, 은숙이는 자신을 우산으로 표현했다. 어렵고 힘든 사람들에게 은숙이 자신이 그들을 보호할 수 있는 우산으로 비춰지기를 희망한다고 했다. 코로나19로 봉사활동은 하지 못하지만, 코로나19가 종식되면 봉사활동을 하고 싶고, 심리 쪽에도 관심이 있어 심리관련 공부도 하고 싶다고 말했다. 수업을 통해 색채심리치료사 2급자격증도 취득했다.

이부영은 그의 저서 〈분석심리학〉에서 사람들은 그때그때 가면을 바꾸어 가며 그 가면에 걸맞은 역할을 하고 있다고 하였다. 집단이 자기에게 기대하는 역할을 그때그때의 상황에 맞추어 수행하려고 노력한다고 하였다. 융은 이렇게 인간이 집단사회에 적응하기 위해 터득하는 사회적 역할을 페르소나라고 했다.(2017) 청소년 시절에 페르소나는 오히려 적극적으로 형성되고 강화되어야 한다는 그의 말을 나는 적극 지지한다. 젊을수록 다양한 페르소나가 필요하다고 한다. 은숙이는 청년 시기에 디자이너로서, 심리치료사로서, 봉사자로서 여러 페르소나를 사용하면서 이 사회에서 필요한 사람이자 자신을 사랑하는 사람으로 성장할 것을 믿는다.

정윤아 (도시의 밤)

김용현 (둥지위의 아기새들)

제목: 시골 새와 도시 새의 드라이브

스토리: 도시의 야경을 동경하던 시골 둥지 새
는 어느 날 드라이브가 하고싶어 운전면허시험
을 치러갔다가 합격하여 같이 드라이브 하고 싶
은 도시 둥지 새에게 편지를 써서 우체국으로
가 우체통에 편지를 써서 시골 둥지 새에게 이
소식을 알리고 이 소식을 받은 도시 둥지새는
시골 둥지 새를 만나서 함께 도시의 야경을 보
면서 드라이브를 즐겼답니다.

이민경 (우체통)   심준엽 (군면허시험)

〈시골 새와 도시 새의 드라이브〉

모둠으로 푸드표현 활동을 위해 커피 가루를 이용해서 스퀴글6)
을 했다. 개인이 완성한 스퀴글을 모둠 안에서 서로의 표현을
연결해 이야기를 엮어가는 작업이다. 모둠 중 2조인 4명의 학생
들은 각 개인이 작업한 '도시의 밤', '둥지 위의 아기새들', '우
체통', '군 면허시험'이라는 단어를 엮어 '시골 새와 도시 새의
드라이브'라는 멋진 이야기를 완성하였다. 처음에는 각자 만든
주제를 가지고 스토리를 만드는 것을 어려워했으나, 서로 끊임

---

6) 위니콧(Winnicott)이 제안한 난화 그리기의 한 유형으로, 상담자가 먼저 자유로운 선을
하나 그어 제시한 다음 내담자가 그 선을 단서로 난화를 그리고 이미지를 완성하는 미
술치료기법이다.

없는 대화를 통해 새롭고 흥미로운 결과물이 나왔다. 학생들은 소소한 것도 관계를 통해 정서적 소통과 대화를 함으로써 좋은 결과물이 나올 수 있다는 것을 깨달았고 만족감과 성취감을 느꼈다. 마틴 셀리그만의 〈플로리시〉에서 웰빙이론의 다섯 가지 요소 PERMA[7] 중 R인 관계(Relationship)에서 풍성한 단어들을 만듦으로써 열려있는 정서를 볼 수 있었다.

색채심리 실습시간에 사용했던 푸드 매체들은 일상에서 흔히 볼 수 있는 것들이지만 심리 치료 도구로 사용한다는 것은 푸드 표현예술치료에서 처음 경험하였다. 나는 이 푸드 매체들을 통해 나 자신을 다시 바라볼 수 있었기에 학생들에게도 적용을 시켜 보았다. 보다 다양한 푸드 재료를 사용해서 작업을 하고 싶었으나 사용 도구 등을 구입해야 하는 어려움이 있어 쉽게 접근할 수 있는 재료들만으로 푸드 표현을 하였다. 학생들은 학기 초 푸드 수업을 시작했을 때와 학기가 끝났을 때 본인의 모습이 많이 달라졌음을 느낄 수 있었다. 자기 자신을 좀 더 알게 되면서 매사에 적극적이고 긍정적으로 변했다. 미술 매체만을 사용하지 않고 푸드 매체를 접목한 수업은 학생들의 만족도가 매우

---

7) PERMA: 마틴셀리그만의 행복이론 P(Positive emotion 긍정적 정서),E(Engagement 몰입), R(Relationship 관계), M(Meaning 의미), A(Accomplishment 성취)

높았으며, 특히, 푸드 매체를 사용할 때는 매순간 집중하는 모습을 볼 수 있었다. 회기를 거듭할수록 서로 간의 관계가 좋아졌으며, 그로 인해 활력도 생겨났고 자기 작품을 다른 눈으로 바라볼 수 있는 시각도 생겼다. 그리고 푸드 매체를 이용한 작업에서의 몰입은 다른 어떤 매체보다 뛰어났으며, 몰입은 성취감으로 이어졌다. 한 학기라는 짧은 기간이었지만 학생들의 정신적 성장이 눈에 띄게 변화되어 가는 모습을 볼 때 일상에서 항상 접할 수 있는 푸드 매체를 이용한 푸드표현예술치료가 마틴 셀리그만의 '플로리시'로 가는 지름길이 아닌가 생각한다.

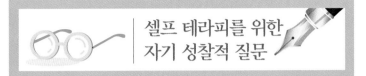

셀프 테라피를 위한
자기 성찰적 질문

1. 도종환 시인의 〈흔들이며 피는 꽃〉 중에서 어떤 시구가 특히 마음에 와 닿았나요?

    왜 그 시구가 마음에 와 닿았는지 글로 적어 보세요.

    그리고 그것을 푸드로 표현해 보세요.

    푸드로 표현한 후 가만히 들여다보세요.

    그리고 그것을 3인칭으로 시작하는 글을 써보세요.

    멋진 글이 완성됩니다.

    ----

2. 삼일 동안의 당신의 감정을 표현한다면 어떤 감정단어들이

나올까요?

그 감정단어들에게 색을 입힌다면 어떤 색을 입힐까요?

그중 가장 마음에 드는 색을 선택해서 푸드 매체와 연결시

켜 보세요.

그리고 그 푸드 매체가 당신 주위에 있다면 그 매체로 표현

해 보세요.

없다면 긍정단어들을 생각하면서 당신의 감정을 푸드로 표

현해 보세요.

기분 좋은 하루가 펼쳐집니다.

최진태

- 교육학 박사
- 대아중학교 Wee클래스 상담실장
- 명지대학교 산업대학원 객원교수
- (사)한국청소년상담학회 학회장 역임
- IEA Korae 인증지도자
- MSC Trained Teacher
- NLP Trainer
- 전문상담교사 1급 / 상담전문가 1급 / 부부가족상담전문가
- 푸드표현상담사 마스터강사 / 부산지부장

저서 및 공역
- 청소년 리더십 에니어그램(2015)
- 코칭 퀘스천(2016)
- 에니어그램 Deep Living(2016)
- 27가지 하위유형 부부코칭(2017)
- 에니어그램 9 리더십(2018)
- 푸드표현상담을 통한 치유와 성장(2020)
- 10인10색 마음요리(2021)

PART_ 6

• • •

나를 사랑하고
있습니다

1. 나를 응원한다.
2. 아버지를 받아들이다.
3. 나는 과거의 미운 나도 좋아한다

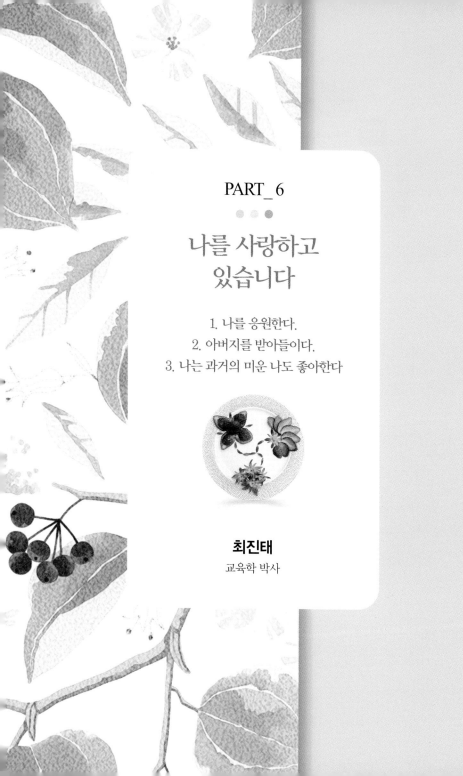

최진태
교육학 박사

01

나를 응원한다

"너 자신을 좋아하고 응원해 봐. 넌 그럴 만한 가치가 있는 사람 이니까."

– 애니 폭스의 〈나는 왜 나를 좋아하지 않을까?〉 중에서

사티어는 자아존중감이 형성되는 곳을 원가족 삼인군이라 보고, 자아존중감의 중요성을 강조하였다. 자아존중감은 그 자신에 대해 스스로 부여하는 가치감, 혹은 그 자신에 대해 지니는 사랑과 존경의 느낌으로 부모의 자아존중감 수준에 영향을 받아 형성되는 것이다. 자아존중감은 그 수준이 높든 낮든 학습의 산물이다. 그리고 그 수준을 높이는 것은 개인의 성장을 의미한다.

소중하고 가치있는 것은 때때로 육안(肉眼)으로는 드러나지 않지

만, 심안(心眼)으로는 보여진다. 내가 상담자가 되고 성장 과정을 경험하면서 때로는 다른 사람들은 보지 못하는 것을 보게 될 때가 있다. 진정한 성장은 무엇일까. 한 사람의 심신의 건강과 영적 성숙은 자신의 깊은 내면을 들여다보고 진정으로 접촉하는 과정을 통해서만 가능하다. 자신도 인식하지 못하는 잠재된 내면의 무의식을 의식화시킴으로써 나의 잠재의식을 만나게 하는 가장 효과적인 방법이 내게는 푸드표현예술치료였고, 말로는 표현하지 못하는 그 무엇이 푸드표현예술 활동을 하면서 드러나게 되었다. 그 과정에서 그동안 수면 아래에서 나를 괴롭혀 왔던 어린 시절의 상처와 상실을 직면하게 되었고, 내 안의 어린아이를 안아주고 위로해 줄 수 있게 되었다. 많은 심리학자들이 말하고 있듯이 어린 시절의 아픔과 상처는 어른이 되어서도 내 안에 숨어 있다가 대인관계나 예기치 않은 상황에서 수치심이나 열등감, 때로는 분노 등으로 표출된다. 특히 어떤 특정한 상황에서 내사(內射, introjection; 중요한 타인의 메시지를 자신의 것으로 받아들이는 것)가 많은 사람은 어렸을 때의 상처가 아직 무의식에 남아 있고, 그것과 연관된 사람과의 관계 속에서 문제가 발생한다. 그 관계에서의 경험이 부정적이면 자아존중감이 낮아지고, 삶에서 겪게 되는 고난을 극복하고 헤치고 나아갈 회복력, 생명력도 떨어지게 된다.

작품명: 〈나의 내면 아이〉

진정한 성장은 자신의 진정한 자기와 접촉하는 과정을 통해서 가능하다. 그 과정에서 어린 시절의 상처와 상실을 직면하게 된다. 어린 시절의 상처와 수치심은 깊은 관계가 있는 사람과의 관계에서 발생한다. 그 관계에서의 경험이 부정적이면 자아존중감이 낮아지고 생명력도 낮아지게 된다. 그로 인해 내면의 힘이 약해지면 행복을 추구하거나 삶의 의미를 부여할 자기(Self)의 중심이 약해진다. 또한 자신의 부족함을 직면하고 수용하기도 어려워진다. 그러나 우리는 변화할 수 있다. 불편함을 느끼는 것 자체가 변화를 위한 신호이다. 우리의 지난 과거를 바꿀 수는 없으나 그 영향은 바꿀 수 있다. 우리는 우리의 과거를 인정하고 수용할 때 성장하게 된다. 성장과 변화 과정에서 얻어지는 자신감은 자아존중감 상승으로 이어진다.

내가 상담 공부를 하게 된 배경 또한 가족과 관련된다. 가족 상담을 받았을 때 나와 나란히 앉은 아내에게 두 아이가 다가와 앉았는데, 두 아이 모두 아내 무릎 하나에 한 아이씩 앉고 나만 거리를 두고 홀로 있었다. 가족의 역동이 드러나는 순간이었다. 두 아이와 아내는 정서적, 심리적으로 한 편이었다. 한국 문화에서 당연해 보이는 이 모습에서 가족의 구조와 경계, 부부간의 힘의 역동, 정서적 연결감 등을 한눈에 볼 수 있었다. 이 모습은 나의 원가족, 아내의 원가족에서도 유사한 모습이었다. 가족은 서로가 상호작용하는 존재이다. 하나의 체계인 가족은 서로에게 깊게 각인될 만큼 영향을 크게 미친다. 이것은 사랑하는 한 여성의 남편이자 사랑의 결실로 이 세상에서 기쁨과 감사로 태어난 두 아이의 아버지인 내가 아내와 아들과의 상호작용을 변화시켜야 할 이유다. 완벽할 순 없어도 내가 아내와 두 아이에게 긍정적인 영향을 줄 수 있는 남편이자 아버지인 것은 우리 가족에게 매우 중요한 것이다. 심리상담과 가족치료를 공부하면서 얻은 보상은 내가 가족에 대해 더 책임감을 가지게 된 것이다. 그리고 가족에게 예의를 지키게 된 것이다. 나는 이런 나를 지금도 응원한다.

작품명: 〈나를 응원한다〉

이 푸드작품은 나를 응원하는 마음을 표현한 것이다. 아직 내 곁에 계시는 부모님의 삶을 응원하고, 사랑하는 '내 안의 해' 인

아내의 삶을 응원하고, 두 아이가 선택한 삶을 지지하고 응원한다. 그 출발은 언제나 나로부터 시작! 나의 성장 과정을 응원하고 뜨겁게 만나는 일이다. 이것이 내 가족 안에서의 내 자리이다. 그 자리는 때로는 아프고 무겁고 힘들겠지만, 그 자리를 찾는 가족을 기꺼이 대면하고 연결해야 한다.

그 자리를 찾아간 나를 응원한다. 나를 홀라당 드러내며 세상에서 가장 용기 있는 여행을 하는 나를 응원한다. "그래그래 잘했다. 정말 잘했다."

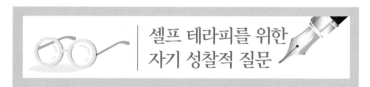

셀프 테라피를 위한
자기 성찰적 질문

1. "오늘 하루 잘 보냈어요?" 라고 나의 하루 일상을 궁금해
하며 물어봐 주는 사람은 누구인가?

   1) 그 사람을 마음속으로 떠올려 보라. 어떤 느낌인가?

   ----

   2) 내가 그 사람에게 중요한 사람인 것이 어떤 느낌으로 가슴에
   새겨지는가?

   ----

   3) 그런 느낌을 느낄 수 있는 자신은 어떤 존재인가?

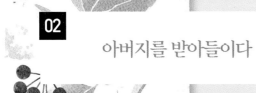

아버지를 받아들이다

　　소설 〈데미안〉으로 우리에게 익숙해진 헤르만 헤세는 독일계 스위스 인이며 시인이자 소설가이고 화가이다. 헤세는 그의 글에서 "자연은 본래 인간을 만들어 내기 위해 우리를 낳았다."라고 말하고 있다. 우리도 예외 없이 어머니 몸에서 태어났으며 어둠속에서 나왔다. 우리는 그렇게 탄생한 작품으로 각자 자신의 목표를 향해 나아가고 있다고 헤세는 말한다. 그는 또한 "우리는 서로를 이해하지만 각자의 길을 알려 줄 수 있는 건 오로지 자기 자신뿐이다(2018)."라고 말하고 있다. 이 글은 잉글리드 알렉산더와 자비네 뤼크가 함께 쓴 '대물림되는 가족의 상처를 치유하다.' 라는 부제가 붙은 〈굿바이 가족 트라우마〉의 서문에 있는 헤세의 글이다.

　　내가 가족치료 전문가가 되는 데는 나의 부모님이 중요한 역할을 하셨다. 특히 아버지는 나에게 있어 또 다른 나의 한 부분이다. 김선남(2003)은 〈아버지 이야기〉에서 아버지를 사랑해야 하는 이유를 세 가지로 요약한다.

첫째, 아버지를 사랑하는 사람만이 자기를 사랑할 수 있다.

둘째, 아버지를 사랑하는 사람만이 행복한 결혼생활을 발달시킬 수 있다.

셋째, 아버지를 사랑하는 사람만이 화목한 가정생활을 영위할 수 있다.

이것은 자기를 받아들이고 사랑하기 위해서 아버지를 수용하고 사랑해야 한다는 것을 말하고 있다. 내 안에 있는 나의 아버지를 나의 삶 속에서 온전하게 이해하고 용해하여, 나아가서는 존중하고 사랑할 필요가 있다는 말이다. 그러나 가부장적 의식이 가득한 문화에서 자라온 경우, 아버지는 불안, 공포, 열등감, 죄책감의 근원이기도 하며, 왜곡된 가치관과 신념 형성에 깊게 관여하기도 한다. 아버지와의 대화 과정에서 느끼게 된 불안, 공포, 열등감, 죄책감 등의 감정을 직접적으로 표현하지 못한 채 억압함으로써 마음속으로 적대감과 증오심이 발달할 수 있다. 시간이 지날수록 아버지에 대한 이러한 부정적인 감정들로 인해 부정적인 자기개념을 지니며 사회적 자존감 또한 부정적으로 될 수 있다. 지금까지 필자의 상담 경험으로 보면 내담자가 어렸을 때 부모와의 관계를 부정적으로 인식하고 있을 때 사회적 자존감이 낮은 경우가 많았었다.

아버지는 자신의 주어진 여건에서 그의 자녀들이 사회적으로 잘 적응하는 사람으로 키우기 위해 최선의 노력을 다하였다. 어쩌면 나의 아버지도 그의 아버지로부터 이런 방식으로 키워졌을 것이다. 대대로 이어진 것일지도 모른다. 우리 대에서 이 연결고리를 변화시켜야 한다. 우리나라의 사회문화는 급속도로 변화하고 있다. 가족의 문화도, 가족의 형태도 변화하고 있다. 아버지의 위상도, 권위도 이전과는 다르다. 그러나 여전히 아버지의 말 한마디 한마디는 아이들에게는 엄청난 영향력을 갖는다. 응원의 힘과 지지가 되기도 하지만 씻어내기 힘든 폭력과 상처가 되기도 한다. 그 아버지가 어른으로서 성숙한 태도로 자신의 생활 주기별 과업을 해결하고 성장하는 과정에 있어야 할 이유다. 나도 어쩌다 아버지가 되었고, 나이도 점점 들어간다. 아이의 성장 속도에 보조를 맞추어 반걸음 앞서가는 아버지가 내 곁에 있으면 얼마나 좋을까. 아버지도 아이의 성장과 함께 정신적, 심리적인 건강한 모습을 갖추는 것은 가족 전체의 평화를 위해서 정말 중요하다.

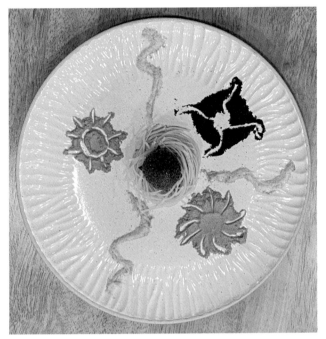

작품명: 〈내 안의 아버지〉

이 푸드표현 작품은 내 안에 자리 잡은 아버지를 표현한 것이다. 가족은 성격을 만드는 공장에 비유되기도 하는데 나의 성격의 한쪽은 아버지가, 한쪽은 어머니가 자리 잡고 있다. 평소에는 아버지의 모습이 더 두드려지게 표현되고 결정적인 순간에는 어머니의 특성이 나타난다. 내 안의 부정적 측면의 반은 아버지와 연관되어 있다. 비판적이며 날카롭고, 감정적이고, 자기중심적인 것이 아버지에게서 배운 것이다. 그 아버지를 받아들이는 일은 나를 받아들이는 일이다. 나의 부정적 측면도 나의 것이다. 내가 나의 것을 받아들이는 것은 아버지를 받아들이는 것과 같다. 아버지와 화해하는 것이다.

이 과정은 아버지의 위대한 유산인 책임진다는 것과 열심히 노력하는 것의 가치를 내 삶의 가치로 수용하는 것을 가능하게 한다. 그리하여 나는 나의 아이들과의 관계에서 정서적 연결감으로 아이들이 자기 삶의 주인공으로 살아가는 것을 기다리고 믿어주며, 온몸으로 지지하고 응원하는 것이 자연스럽게 되었다. 이런 내가 좋다. 나는 이런 나를 좋아한다. 아버지가 나를 좋아하고 사랑해 주신 것처럼.

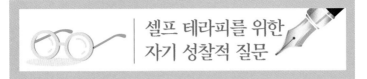

셀프 테라피를 위한
자기 성찰적 질문

＊나의 부모님을 생각해 봅니다.

1. 내가 감정을 표출할 때 내 안의 부모님 중 누구의 모습이

   먼저 튀어나오는가?

   ----
   1) 이것이 얼마나 자신에게 익숙한가?

   ----
   2) 누구에게 이것이 잘 튀어나오는가?

   ----

2. 우리는 부모님 각각의 삶과 부분적으로 닮아 있다. 어떠할

   때 아버지를, 또 어떨 때 어머니를 닮았다고 여겨지는가?

   ----
   1) 나는 아버지의 어떤 면을 닮았는가?

   ----

2) 나는 어머니의 어떤 면을 닮았는가?

---

3) 내가 부모님과 닮은 부분을 알아차린 나의 느낌은 어떠한가?

---

4) 그렇게 여기는 이유는 각각 무엇인가?

---

3. 지금 우리의 모습에서 발견한 부모님의 모습이 내 자녀(미혼이라면 미래의 태어날 자녀)에게는 어떻게 비춰질 것 같은가?

자기성장을 위한 엄청난 질문을 해봅시다.

지금 이 모습 그대로 살아가도 나는, 우리는.....?

---

03 나는 과거의 미운 나도 좋아한다

나는 가족치료 전문가다. 나에겐 가족치료를 공부하게 한 동기가 있다. 가족치료를 공부하는 과정은 나를 본래의 가족 안으로 되돌려 놓았다. 공부를 하면서 내 안에는 나도 모르는 뻥 뚫린 구멍이 있다는 것을 자각하였다. 그것을 느낄 때마다 그 불편함을 회피하였고, 오히려 반대 방향으로 그렇지 않은 듯 더 긍정적인 삶을 살려고 애를 썼다. 그러나 내 안의 허전함은 사라지지 않았다. 이러한 심리적 결핍은 어디서 오는 걸까? 내 안의 심리적 허기감의 출발은 내가 해석해서 저장한 어릴 적의 작은 경험의 기억이었다. 그 경험이 그 당시의 주변 상황과 사람들을 제대로 자각하지 못한 나의 인지적 오류로 인해 생략되고 왜곡된, 그리고 일반화의 오류를 가진 나의 세계관을 만들었다. 그런 지각체계는 불안이라는 강력한 감정을 촉발시켰고, 그 감정은 거칠고 날카로운 분노로 세상에 드러났다. 불

214 **자존감 요리편 _ 10인 10색의 마음요리②**

안이 투사된 것이다. 가족치료 공부 과정에서 그것이 현재 가족에게 부정적 영향을 주고 있다는 것이 선명해졌다.

최광현은 〈가족의 두 얼굴〉에서 "어린 시절 불행한 가족관계를 경험한 사람들은 자신도 모르게 성인이 되어 과거의 경험을 마치 자석에 끌리듯 무의식적으로 반복한다.(2012)"고 하였다. 아들러는 초기 기억이 우리 각자의 인식과 가치, 감정에 영향을 미친다고 하였다. 우리가 어린 시절에 경험한 감정은 그 상황의 사실 여부와 상관없이 강력한 기준이 되어 자기 자신과 세상을 바라보게 한다. 그렇게 내 안에 저장된 상처와 상실, 아픔을 직면하고 치료해야 이 무의식적인 반복을 그만둘 수 있다. 상처받아 불행을 반복하는 것을 벗어나야 한다. 그러기 위해서는 상처받는 내면을 자각하고 대화할 필요가 있다.

옛날 옛적에 겁 많았던 5살의 아이가 있었다. 이 아이는 말을 하지 않아도 부모만큼은 자신이 겪는 어려움과 불안을 당연히 알 것이라고 여겼다. 동네 친구가 자신의 것을 빼앗아 가는 것을 막지 못해 위축되고 자책하는 마음의 크기만큼이나 부모가 알아서 자신의 문제를 해결해 주길 원하고 있었다. 그만큼 어린아이에게 부모는 세상의 모든 것이었다. 그러나 아이는 부모에게 말하지 못한 자신의 불안과 두려움을 자신의 부모가 알아주지 않는다는 이유로 부모와 거리를 두기 시작했다. 그 아이의 부모는 이런 사실을 알 리가 없었다. 그리고 아이는 자신이 겪고 있는 불안과 어려움을 자기 스스로 해결해야겠다고 다짐했다. 그 아이는 자라서 청소년이 되고, 청년이 되고, 결혼도 하고, 아이의 아버지가 되었다. 나이가 들고 더 지적 능력과 상황 파악을 할 수 있는 성인이 되어갔지만 부모와 대화는 생활에서 딱 필요한 만큼만 했다. 나이가 들어도 그 불안은 사라지지 않은 채로 절대적 안정감을 잃어버리는 상황이 되면 불식간에 5살의 아이로 퇴행시켜 시시때때로 그 장소로 그를 데리고 갔다. 그리고 위축되고 두려움에 사로잡힌 어린아이가 되어 비일치적인 생존방식으로 비난하고 회피하는 반응을 하고 있었다.

우리는 자신이 느끼는 그 순간을 알아차리고 깨달으면 치료할 수 있다. 자신의 불안이 어디에서 올라오는지 자신의 반응양식을 알아차리고 자각하면 된다. 그 불안이 지속적으로 영향을 미친다는 것을 자각하고 나는 나 자신을 더 이상 피할 수 없다는 것을 직감했다. 그래서 사티어 가족치료 전문가 과정에 입문하여 가족치료 전문가가 되었다. 그 과정에 빙산내면탐색과 부분

작품명: 〈침해당한 나의 보호막〉

들의 잔치와 내적 시각화 작업 등을 하면서 내 안의 어린아이가 치료되는 경험을 몇 차례 했었다. 과거에 상처받고 위축되어 스스로 부끄럽게 여기는 그 지점의 그 나이를 긍정적으로 재경험하는 것은 뇌에 각인되었던 그림을 바꾸는 일이었다. 그리고 이 것은 내 안의 분열된 나의 부분들을 통합하고 내적 체계를 평화롭게 하는 일이었다.

이젠 불안을 촉발시키는 그 시점으로 돌아가지 않고 반복하지 않는다. 드디어 내 마음속에서 성장을 멈춘 그 지점에 있는 내면 아이는 이제 성장을 시작한다. 오늘의 내 나이가 될 때까지 여전히 거쳐야 할 일은 있다. 그 여정에서도 이 아이의 성장은 멈추지 않는다. 겁낼 일에는 겁내도 된다. 내가 그 아이를 외면하지 않고, 그 성장을 지원하며 괜찮다고, 잘하고 있다고 그 아이의 손을 잡고 있기 때문이다. 내가 나의 과거를 안아주는 일은 나를 내 나이에 걸맞게 만든다. 그것만으로도 참으로 다행이다.

작품명: 〈어린 나와 손잡은 지금의 나〉

이 푸드표현 작품은 내 안에서 성장하는 나를 표현한 것이다. 내가 나의 돌봄 체계 안에서 안심하고 즐겁고 신나게 살아가는 모습이다. 내가 해석하고 스스로 불안에 가두어 둔 나를 자유롭게 하는 일이다. 이 과정은 부모를 다시 만나는 일이 동반된다. 큰 보살핌의 우산 안에 있었다는 것을 알게 하며, 그 우산이 비바람과 눈을 막아주었음을 자각하고서 부모의 사랑을 더 깊게 느낄 수 있었다. 어찌 5살짜리 아이가 그 깊은 부모의 사랑을 헤아릴 수 있었겠는가? 부모에 대한 재경험까지 동시에 일어나는 이런 변화는 우리가 어린 시절에 왜곡되고, 생략되고, 일반화했었던 그 순간을 직면할 때 가능하다.

변화는 가능하다. 단지 우리에겐 자기 내면의 예쁘지 않은 모습을 마주할 약간의 용기가, 아니 어쩌면 큰 용기가 필요할 수도 있겠다.

그러나 자신의 보고 싶지 않은 모습과 마주하는 용기를 낸 그 순간 우리 모두에겐 신세계가 펼쳐질 것이다. 내가 그러했듯이.

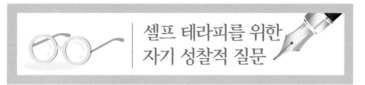

셀프 테라피를 위한
자기 성찰적 질문

＊눈을 감고서 호흡을 깊게 몇 번을 합니다. 그리고 내 어린 시절을 회상해 봅니다.

1. 내 안에서 지금 나의 삶에 여전히 영향을 미치는 어린 시절의 사건은 무엇인가요?

    ----

2. 성인이 된 지금, 어떨 때 어린 시절과 유사한 모습이 나타날까요?

    ----

3. 어린 시절에 힘들어했던 그 아이가 정말 듣고 싶었던 말은 무엇인가요?

    ----

4. 지금 당신이 그 어린아이에게 그 말을 해 봅니다. 아이의 표정이 어떤지요?

   그 아이가 하고 싶은 말이 있어 보이면 그 말을 들어 봅니다.

   ----

5. 그 아이와 손을 잡고 지금 당신의 나이로 자란다고 상상해 봅니다.

   그렇게 되었다면 그 아이를 이제 안아주고 하나가 됩니다.

   ----

6. 지금의 하나 된 모습을 푸드표현하고 표현된 작품을 내 안에 내재화하며 맛있게 드세요.

   앞으로는 기분 좋은 일만 펼쳐질 것이라는 기대감을 가지고.....

한명희

- 한국푸드표현예술치료협회 다문화분과위원장, 경기북지부장
- 한국다문화 월드테라피 원장
- 학교 및 지역단체 등 푸드표현 특강 600여회 진행
- 서울시 여성합창단 연합회 초대 회장 역임
- 서울시 중구 여성합창단 단장 역임
- E-mail: mhui2602@daum.net

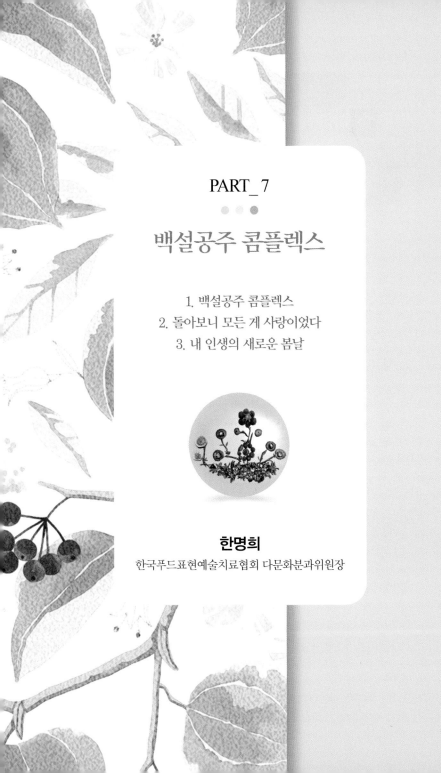

PART_ 7

백설공주 콤플렉스

한명희
한국푸드표현예술치료협회 다문화분과위원장

백설공주 콤플렉스

"행복과 성공의 공식은 단순하다. 온전한 나 자신이 되는 것, 내가 할 수 있는 것을 반짝이고 빛나는 나만의 방식으로 만들어 내는 것." 이 글은 미국 심리학자 데이비드 시버리의 책 〈나는 뻔뻔스럽게 살기로 했다〉의 한 구절이다. 온전한 나 자신이 어떤 모습이냐는 시버리의 질문에 70세가 넘은 지금도 간단히 답할 수 없지만, 부정할 수 없는 건 나를 가장 나답게 만들어 주는 사람도, 가장 나답지 않게 만들어 주는 사람도 가족들이라는 것이다. 내 삶의 든든한 버팀목이었던 남편이 갑자기 내 곁을 떠난 지 어느새 6년이란 시간이 흘렀다.

내게는 언제나 든든하고 조용히 행동으로 나를 부모처럼 보살펴 준 남편이었다. 그의 부재는 내 삶을 흔들고 힘들게 했다. 부모님께서는 아들과 딸 두 자녀를 잃으시고 또 나를 낳기 전에

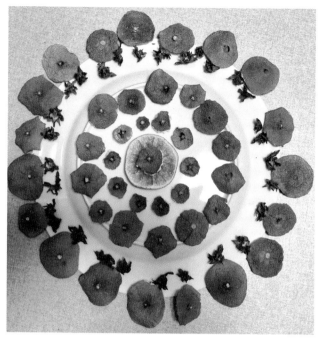

〈둥글둥글 살아가는 나의 가족〉

두 번이나 유산하셨다. 그래서 그런지 나는 태어날 때부터 지나친 보호 속에 자랐다. 초등학교 졸업 때까지도 나는 한 번도 걸어서 혼자 학교를 가거나 스스로 다녀보지 못했다. 그런 탓에 집에서 그리 먼 거리가 아닌데도 집 밖에 나가면 집을 찾아오지 못할 정도였다. 하루는 나를 데리고 오고 데려다 주는 아저씨가 시간이 되어도 나타나지 않는 것이었다. 그때 난 바보같이 쪼그리고 앉아 두려움과 공포 속에 꼼짝도 못하고 앉아 눈물만 주르

르 흘리고 있었다. 비록 잠시 잠깐의 순간이었지만 겁에 질려 죽을 것 같은 두려움이 있었던 어린 시절이 문득문득 기억난다. 그래서인지 늘 들어왔던 백설공주라는 말은 마치 나에게 또 다른 이름처럼 익숙했지만 불편하기도 한 기억이다.

어릴 적 밖에 나가서 공주라는 말을 들었을 때는 부모님이 나에게 늘 입힌 공주 옷을 보고 예뻐서 그렇게 부르나 보다 하며 싫지는 않았다. 하지만 점점 커가면서 그것이 칭찬이 아니라는 것을 깨닫고 누군가 나에게 "공주 같다.", "공주긴 공주다."라는 말을 들으면 불쾌했다. 지금도 그 말이 싫어서 공주라는 말이 나오면 말꼬리를 돌리거나 슬쩍 피하기 일쑤다. 백설공주라는 단어만 들어도 그때의 기억이 트라우마로 다시 나타나곤 했다.

〈아픈 과거들을
지워보련다〉

〈점점 또렷해지는 기억들〉

〈다시 솟구쳐 오르는
잠재력〉

나는 나의 아픈 과거를 날마다 푸드표현으로 치유하며 셀프 테라피를 하고 있다. 지금도 중학교 때의 아팠던 기억이 생생하게 떠오른다. 중학교 1, 2, 3학년 3년 내내 영어 선생님이 나의 담임이 되었다. 그런데 그 선생님이 얼마나 성격이 깔끔하신지 종례시간은 언제나 우리 반만 늦었다. 손톱 검사, 머리 길이 검사는 기본이고 손수건, 휴지, 교복 칼라는 반드시 풀을 먹여 빳빳이 서있어야 했다. 당연히 담임선생님의 과목인 영어는 우리 반이 무조건 1등이어야만 했다. 그런데 담임선생님은 이런 나를 일방적으로 영어반장에 임명하셨다. 이때부터 나의 중학교 시절은 나에게 죽음의 길을 걷는 기분이었다. 당시에도 수줍음이 많았던 나는 나서는 게 부끄러워 조용히 있다 하교를 하던 말없는 학생이었기 때문이다.

그런 내게 다가온 영어 시간의 변화.

"Attention! Bow!"를 나는 매 수업시간마다 큰소리로 호령해야 했다. 선생님은 내가 얌전하고 정한 규칙을 그대로 잘 따라 해서 날 지목하신 모양이다. 지금도 난 그때를 떠올리면 몸서리쳐지지만, 그 선생님 이름은 지금까지 잊혀지지 않고 있다.

이런 엄격한 분위기에서 모두들 혼나지 않으려고 특히 영어를 열심히 공부하였다. 하지만 열심히 한다고 결과가 다 좋다면 얼마나 좋을까. 영어 점수가 다른 반보다 떨어지는 그날은 친구들 모두 침울한 분위기 속에 있었고 나에게는 지옥을 연상케 했다. 영어반장인 내가 제일 먼저 선생님께 손바닥을 맞아야 했고, 영어반장인 나는 우리 반 전체 아이들의 손바닥을 때려야 했다. 나는 이런 순간이 싫어 죽고 싶을 정도였다. 학교를 그만둘까, 내가 학교를 그만두면 선생님은 달라질까. 날마다의 고민과 갈등 속에 그렇게 더디게 힘든 시간의 3년 기간은 이럭저럭 지나가고 말았다.

그런데 그 지독한 기억을 내게 안겨준 영어선생님의 별명이 바로 백설공주였다. 나는 그 별명이 좀 의아했지만 백설공주의 숨은 의미가 너무 재미있어 지금도 웃음이 지어진다. 지금은 고인이 되셨을 내 기억 속 영어선생님의 별명 백설공주는 "백-백만인이, 설-설설 기는, 공-공포의, 주-주둥아리"였다.

"하하하~~"우리끼리 모이면 사춘기 소녀들의 재잘거림 속에 영어선생님의 뒷담화는 단골 메뉴였다. 다행히도 우리 선생님은 그 별명의 의미를 졸업 때까지도 결국 알아차리지 못하셨다. 아니 어쩌면 속아 준 건지도 모르겠다. 졸업하는 날 반 친구들은 백설공주 선생님에게서 해방이라며 희열을 느낀다고 엄청나게 기뻐했다. 선생님이 이런 우리의 속도 모르고 "졸업하니까 그렇게 좋으냐."고 하시자, 우리들 모두 누구랄 것 없이 서로를 쳐다보며 크게 "하하하하~" 웃어 폭소바다가 되어 버렸다. "에쿠 녀석들!" 하며 교실 문을 나가시는 선생님 뒤꼭지에서 배꼽이 튀어나오도록 웃어대던 때를 기억하며 지금도 백설공주라는 이름만 들으면 히쭉히쭉 웃음이 난다.

어렸을 적 별명인 백설공주, 그 이름은 결혼 후에도 끈질기게 따라 다녔다. 내가 남편에게 그 말을 하지 말라고 하면 오히려 남편은 백설은 눈같이 맑고 청순한 것이니 그냥 공주가 아니라 백설공주는 좋은 거 아니냐고 반문한다. 사실 난 그 말을 부정하지는 않는다. 지난날을 돌이켜 보면, 남편은 내가 어디를 갈 때마다 가까운 거리라도 꼭 데려다 주고 데려오면서 나를 옆에서 항상 지켜 준 나의 수호천사이고 나만의 기사였으니까. 나도 이것을 당연하게 생각하였으니 공주가 아니라고 하기도 어렵겠다. 주변에서 사람들이 아내를 공주처럼 모신다며 흉보고 야유하는 음성들이 있었지만, 우리 부부는 크게 신경 쓰지 않았다. 때로는 내가 주변에서 "웅성웅성 대는 소리 안 들리냐? 창피하지도 않느냐?"고 물어도 신랑은 "그게 도대체 무슨 말인데?" 하며 주변 시선은 신경 쓰지 않았다. 덕분에 나는 또 다른 내 모습은 발견하지 못한 채 백설공주로 보호 속에서만 살아 왔던 것은 아닐까 생각해 본다.

〈나의 백설공주 콤플렉스는 백설과 함께 영글어 가는 귤처럼
순수하고 상큼한 푸놀치 강사로 영글었다.〉

그가 내 곁을 떠나고 이제 나는 백설공주에서 백설여왕이 되어 간다. 알 속에서 보호받던 병아리가 스스로 껍질을 벗기 위해 벽을 깨듯, 늘 보호만 받아오던 나도 스스로 깨야 할 껍질을 발견하고 그 껍질을 깨면서 성장하고 있기 때문이다. 레오 버스카 글리아 교수가 그의 책 〈살며 사랑하며 배우며〉에서 "희망을 갖는다는 것은 실망의 위험을 감수하는 일이다(2019)."라고 말했는

데, 내가 지금 그렇다.

내 곁에서 나와 함께 행복한 노년을 보낼 것이라 생각했던 남편이 갑자기 하늘나라로 떠난 충격은 삶의 희망을 빼앗고 살아갈 힘을 송두리째 날려버렸었다. 이런 엄마의 속마음을 알았을까, 어느 날 아들이 내 두 손을 꼭 잡고 눈물을 글썽이며 간절히 말했다. "엄마, 가시려거든 수필 500편만 쓰고, 그러고 나서 다시 생각해 보세요. 부탁이에요." 그때 나는 아들에게 "국문과 전공도 아닌데 엄마한테 지나친 것을 요구하는구나."라고 말했었는데... 아들은 엄마가 아빠처럼 갑자기 죽을지도 모른다고 생각했나 보다.

갑작스런 아빠의 빈자리에 이어 또다시 갑자기 엄마의 빈자리를 크게 느낄 아들의 아픔을 생각하며 그냥 단순히 "그래." 하며 아들의 청을 들어주었었다. 그렇게 시작된 70 할머니의 글쟁이 흉내는 1,200편의 수필과 200편의 시와 함께 진짜 글쟁이가 되어가고 있다. 나의 반쪽도 하늘나라에서 나의 성장을 흐뭇한 눈으로 바라보고 있지는 않을까 생각하니 외로움도 어느새 사라지고 만족스럽다.

〈반짝반짝 빛이 나가는 행복한 푸드 할머니〉

요즘 백설공주는 매순간의 마음을 푸드로 표현하며 기쁜 나날
이다. 그동안 셀프 테라피를 위해 준비한 푸드표현 마른 재료와
푸놀치 예술작품 사진들을 뒤적거리며 마냥 행복해하는 내 모
습이 나는 좋다. 다문화 아이들이 기다리는 '푸놀치 행복코칭'
선생님으로, 손자 손녀들에게는 푸드 할머니로 살아간다.

남편이 떠난 뒤 혼자 남은 세상에서 나는 삶의 의욕도 없었고, 몸도 너무나 아팠었다. 그러나 지금은 날마다 살아있는 지금 이 순간의 기쁨을 푸드로 표현하고 글자로 표현하며 마음과 함께 노래하고 있다. 나에게 다시 생긴 소망이 있다면 내 글을 읽는 누군가 한두 명이라도 마음이 기쁘고 편안해졌으면 하는 것이다. 내가 푸드표현과 글쓰기 치료로 살아난 것처럼 코로나로 아픈 시기를 보내는 독자들의 마음도 다시 살아나기를 간절히 바라며….

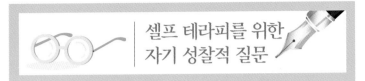

셀프 테라피를 위한
자기 성찰적 질문

1. 어린 시절을 회상할 때 부정적인 마음을 떠오르게 하는 별

   명이 있으신가요?

   그렇다면 부정의 별칭을 긍정의 별칭으로 변화시켜 보세요.

   어떻게 하면 부정의 별칭이 긍정으로 변화될 수 있을까요?

   _____

   _____

   _____

   _____

2. 긍정적인 생각과 긍정적인 마음은 삶을 아름답게 합니다.

   지금 이 순간 어떤 마음이신가요?

   행복한 일상을 위한 긍정을 연습해 보세요.

   _____

   _____

   _____

   _____

02
돌아보니 모든 게
사랑이었다

〈푸드표현으로 마음의 문을 닫고 있던 두 팔을
크게 벌리니 환영하는 나로 바뀌어간다.〉

"그때는 왜 몰랐을까? 그게 사랑이었다는 것을. 이 나이가 되
고서야 알아차리니 부끄럽기도 하다. 이제 내 나이 희수(稀壽)가
지났다."

희수는 중국 당(唐)나라 시인 두보(杜甫)의 곡강시 (曲江詩)에 나오는 '인생칠십고래희(人生七十古來稀)'에서 유래한 말이다. 나도 희수가 지났다. 물론 지금은 100세 언니 오빠라 해도 놀라지 않는 시대라 '희수쯤이야!' 할 수도 있지만 옛날에 는 평균 수명이 짧아 61세 환갑을 넘기는 사람들도 드물었으니 희수의 기쁨은 남달랐을 것이다.

내게는 결혼 이후로 한시도 떨어져 있지 않아 당연히 늘 옆에 있을 것으로 생각했던 그 사람이 있었다. 젊은 시절, 은퇴 후에 는 어차피 편하게 쉴 수 있으니 할 수 있을 때 최선을 다해 고생 해 보자는 심산으로 그와 함께 열심히 달려왔는데, 은퇴 후 갑 작스럽게 찾아온 그의 죽음은 나의 정신을 완전히 허물어뜨린 엄청난 충격이었다.

그 사람과 처음 만났던 기억은 아직도 생생하다. 당시 나는 체 력이 허약하고 위장도 안 좋은데다 다리까지 다쳐 몸 상태가 말 이 아니었다. 그런데 병원에 입원할 엄두는 나지 않아 지인의 소개로 서울 동대문 경동시장의 한의원을 겨우 찾아갔다. 그때 그 사람을 처음 보았다. 그는 나를 보는 듯 마는 듯했으나 지극 히 자상하면서도 친절했고, 내가 가기도 전에 항상 한약을 먼저 다려놓고 기다렸다. 하지만 우리는 아무 사이도 아닌 그저 한의원의 젊은 직원과 철없는 환자였을 뿐이었다. 그러던 어느 날 부모님의 시집가라는 등쌀에 나도 모르게 애인이 있다고 거짓말을 하면서 일이 커져버리고 결혼이야기가 급속도로 진전되었다. 그런데 나중에 알고 보니 그 사람도 나와 비슷한 상황이었다고 한다. 그 사람 말로는 그 당시 예쁜 여자들이 선을 보려고 줄을 섰다나 어쨌다나. 믿거나 말거나지만. 더구나 우리는 신앙도 같았다. 이것이 운명인가 생각하면서 우리의 결혼은 그렇게 얼떨떨하게 진행되고 말았다.

사실 어머니는 나를 대가집 장남에게 시집보내겠다고 평소 입버릇처럼 말씀하셨었는데, 정작 내가 시집간 곳은 어느 시골의 10남매(딸 7에 아들 3), 그 중에서도 막내 며느리였다. 그때는 밥과 국을 아궁이에 불을 지펴서 만들고, 부침개도 벽돌을 쌓아 돌멩이로 메꾸고 가마솥 뚜껑을 뒤집어 부쳤다. 비록 나는 형님들의 눈칫밥을 먹는 보조였지만, 불 지피는 일만큼은 유독 힘들었다. 그래서 형님들이 나에게 밥을 하라 하고 마실을 나갈 때면 아궁이에 불을 지피기 위해 쩔쩔 매며 연기에 울고 서러움에 울어야 했다. 그런데 신기하게도 그럴 때면 어디에선가 시어머님이 등장하여 "에구 놀부 같은 망할 년들이 또 아무것도 모르는 너를 시키고 나갔구나." 하시며 지푸라기를 한 움큼 가져와 불을 지펴 주시곤 했다.

그뿐 아니라 시어머님은 잠자리도 나와 나란히 베개를 놓고 아예 미리 준비해 놓으셨다. 처음엔 의아하고 당혹스러웠지만, 시집가면 그 집 귀신이 되어야 한다고 친정어머니에게 늘 교육 받은 터라 시댁의 문화로 생각했다. 시어머님은 책읽기를 엄청 좋아하셔서 내가 드리는 선물은 언제나 책 한 권이었다. 시어머님이 책을 읽기 시작하시면 여지없이 그날 저녁에는 나에게 주저리주저리 이야기를 하시며, 울다 웃다 한 편의 드라마를 엮어내셨다. 시어머님과 나는 그 책 속의 세계로 푹 빠져 들어가 고부가 함께 그려내는 상상의 나래를 펼쳤다. 또한 늘 형님들 몰래 용돈을 준비해 놓으셨다. 아들이 주고 간 돈, 조카가 주고 간 돈을 하나도 안 쓰시고 꼬깃꼬깃 모아 낡은 헝겊에 바느질로 꽁꽁 봉해 놓았다가 잠자리에서 내 손에 꼭 쥐어 주셨다. "네 형님들이 알면 안되니 아무 소리도 말고 얼른 가방에 넣어라."는 말씀과 함께.

〈이리 가도 내 사랑 저리 가도 내 사랑〉

내가 시집간 경상북도 상주는 곶감으로 매우 유명한 고장이다. 곶감은 딱딱하고 떫은 감을 손으로 하나하나 껍질을 까고 줄줄 이 한 올 한 올 엮어 나뭇가지에 매달아서 말려야 하기 때문에 아주 많은 정성과 사랑이 필요하다. 그곳 곶감은 유난히 튼실해 서 아주 좋은 값에 팔린다. 시골의 중요한 수입원이기도 해서 가족들도 쉽게 못 먹었다. 그런데도 시어머님은 내가 곶감을 좋 아한다며 아무리 흉년이어도 내가 먹을 곶감은 방 한구석 자그 마한 장롱 속에 깊이깊이 숨겨 놓으셨다. 이런 시어머님의 임종 도 막내며느리인 내가 지켰다. 어느 날 전화가 왔는데 시어머님 이 위중하셔서 대가족이 다 모인 중에도 막내며느리가 오면 먹 겠다고 미음 한 수저 안 드신다고 했다. 시댁으로 달려간 나는 시어머님이 임종하시는 그 순간까지 온몸을 주물러 드리고 마지막 사랑을 나누며 그렇게 보내 드렸다.

그때는 몰랐지만 돌이켜보니 사랑이었다. 그때는 왜 몰랐을까. 곶감이 시어머님의 며느리 사랑이었다는 것을. 나는 지금도 분이 뽀얗게 나있는 말랑말랑하고 맛깔스런 곶감을 보면 시어머님의 곶감 사랑이 생각나 울컥울컥해진다. 모시지도 않고 일이라고는 할 줄도 모르던 철없는 막내며느리를 그리도 챙겨주시던 시어머님. 곶감으로 푸드표현을 하면서 숨어 있던 내 안의 심상이 새록새록 나타난다.

〈새로운 마음이 쏘옥쏘옥〉　　〈"아하~~"하는 짧은　　〈푸드표현은 나에게
　　　　　　　　　　　　　　　탄성을 내며〉　　　　행복을 주는 시간〉

그렇게 시작된 남편과의 결혼 생활도 순탄치만은 않았다. 아직 준비되지 않은 상태에서 무언가를 생각할 겨를도 없이 시작했

으니까 그럴 법도 했지만. 남편은 한의학을 공부하여 한의사를 준비하고 있었지만, 사실 마음속은 다른 곳에 있었다. 교회의 목회를 지극히 열망했고, 지금 하는 일은 잠시 임시로 하는 것이라 생각하는 듯했다. 일단 결혼은 했지만 아무것도 없었던 남편은 돈만 들어가던 공부를 접고 생계를 위해 함께 사진 사업도 하고, 회사도 다녔다. 당시 사진 사업은 신기술이라 벌이가 나쁘지는 않아서 집도 장만했지만, 마음이 콩밭에 가 있다 보니 사업을 잘해서 돈을 벌어야겠다는 생각은 전혀 없어 보였다. 아이 둘이 있는 가정의 경제적인 사정은 안중에도 없는 듯했다. 너무나 어렵고 남편이 야속할 때면 그때 친정어머니가 점찍어 두었던 사람이 누군지는 모르겠지만, 그와 인연을 맺었다면 지금 나는 어떤 삶을 살고 있었을까? 지금보다 행복했을까? 라는 생각도 떠오르곤 했다. 물론 바보 같은 망상이었지만.

그렇게 노래를 부르던 그 사람의 목회 타령은 우연치 않은 계기로 드디어 시작되었는데, 그때부터 고생 2막이 시작된 셈이기도 했다. 하지만 남편이 그토록 원하던 일이라는 걸 알았기에, 힘들고 외딴 곳에서 모든 것을 새로 시작하는 것이 무섭기도 했지만 모든 것을 쏟아 부었다. 그런데 이상한 건 그런 힘든 과정

속에서도 무뚝뚝한 경상도 남편은 나에게 사랑한다는 말을 한 번도 한 적이 없었다. '왜 그런 표현을 하지 않지?' 라는 의문이 들기도 했다. "말을 안 하는데 어떻게 알아요?" 하는 나의 질문에는 정작 대답을 하지 않고 자기 가슴만 가리켰다. "여기 안에 다 있는데 어떻게 보여주나 이 사람아!" 그의 대답은 늘 한결같았다.

〈얼떨결에 만난 운명〉　　〈사랑 찾아〉　　〈내 반쪽 사랑의 흔적〉

그렇게 없이 살았는데도 아이들은 아버지의 삶을 자랑스러워하고 오히려 나를 위로하는데, 왜 나는 그동안 무언가에 쫓겨 가끔은 후회하기도 하고 힘들다고만 생각했을까. 왜 몰랐을까? 내가 행복한 사람이라는 것을. 그래서 나를 질투하는 사람도 많았다는 것을. 돌아보니 모두 사랑이었다. 다만 내가 알아차리지 못하고 있었을 뿐이다.

내가 받은 시어머님의 사랑, 남편의 사랑, 아들의 사랑, 또 내가 지금도 미처 깨닫지 못하고 있는 수많은 주위의 사랑들. 그 사랑들이 지금까지 에너지를 주고 있었고, 지금도 주고 있는데 오히려 내가 그동안 받을 준비가 안 되어 있었던 것은 아닐까. 푸드표현 활동으로 나를 돌아보며 사실 원래 그 자리에 있었던 큰 사랑을 찾아낼 때마다 먼 길 떠나신 님에게 참 미안한 마음이다.

"여보~ 영원한 그곳에서 우리 다시 만나면 못 다한 사랑 나누며 살아요."

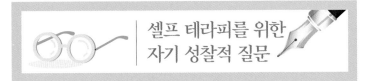

셀프 테라피를 위한
자기 성찰적 질문

1. 자신을 얼마나 사랑하며 살았나를 한번 기억해 보세요.

   어쩌면 나보다는 자녀를, 가족을 위해 살아오진 않으셨나요?

   만약 그렇다면 이제부터는 자신을 먼저 사랑하고 챙겨 주세요.

   ----

2. 자신을 위한 사랑의 선물을 푸드표현 활동으로 해보세요.

   자신이 좋아하는 과일은 무엇일까요?

   먹으면 기분이 좋아지는 과일로 마음이 행복해지는 표현을

   자신에게 선물해 보세요.

내 인생의 새로운 봄날

올해로 103세가 되는 김형석 교수. 그의 저서 〈백년을 살아보니〉에 "사람이 성장하는 동안은 늙지 않는다."라는 말이 나온다. 인생 70을 넘은 나 또한 지금도 성장하고 있기 때문일까. 주위 사람들에게 20년은 더 젊어 보인다는 말을 종종 들으니까 말이다. 김형석 교수는 인생의 황금기를 60세부터 75세까지라고 말하며 정신적 성장과 인간적 성숙은 한계가 없다고 주장한다. 따라서 노력만 한다면 75세까지는 성장이 가능하다고 말하고 있는데, 나 또한 그의 생각에 전적으로 동의한다.

갑작스런 남편과의 결별로 당뇨병까지 악화되어 9개월 동안 죽을 만큼 힘들었다. 치료의 시간. 몸과 마음이 다 약해진 내게는 언제 끝날지 모르는 이 시간들이 그저 길고 멀게만 느껴졌다. 차도가 좀 있으면 자신감이 생기다가도 갑자기 고통이 찾아오면 이러다가 죽을지도 모른다는 생각에 희망과 절망이 교차하기도 했다. 그러한 나를 바꾸어 놓은 것은 푸드 작품과 함께한 푸놀치의 글쓰기였다. 아픈 나의 몸을 살린 것이 의학적 치료였다면, 푸드표현과 글쓰기는 내 마음을 치유하는 셀프 테라피였다. 글쓰기가 심리치료의 효과가 있다는 연구결과처럼 나 또한 글쓰기를 통해 마음을 많이 치유되고 성장하게 되었다.

푸놀치 활동 후 글쓰기는 희망의 씨앗을 심고 아름다운 꽃을 피워 주었다.

아래의 푸드표현 작품은 나의 행복한 마음을 담은 것이다. 뿌리부터 살아남과 성장되어 가는 나의 모습을 살짝 가볍게 말린 푸드재료로 표현해 보니 세월에 피부가 노화되어 가는 내 모습도

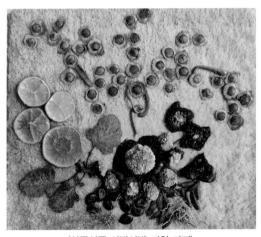

〈살금살금 사방사방 피워 가리〉

연상이 된다. 다양한 재료를 이렇게 저렇게 요물딱 조물딱 만지고 있으면, 어느새 나의 마음의 아픈 부분도 어루만져지고 아름답게 표현되는 결과를 보면 어느새 새로워진 내 모습을 보는 것 같아 신기하기도 하다.

인생 70을 달려왔다. 그리고 이제 80을 향해 달릴 차례다. 나는 인생을 다시 도전하는 마음으로 매일 성장과 치유의 글쓰기를 놓지 않는다. 오감이 작용하며 나도 모르게 손끝에서 마법처럼 펼쳐지는 푸드표현 작품들. 무의식의 작용일까? 마음으로 만든 푸드표현 작품들을 보며 변화되어 가는 새로운 내 모습을 발견하고, 글쓰기를 통해 꿈과 희망이 더 크게 자라게 되었다. 어쩌면 이렇게 변화된 모습은 70 인생에서 다시 시작하는 나에게 신께서 주시는 또 하나의 선물이고 기회일지도 모르겠다.

내 속에만 담겨 있던 글을 다른 사람들 앞에 내놓는다는 것은 지금까지 70년을 살아오면서도 단 한 번도 해보지 않았던 일이었기에 나에게는 용기가 필요했다. 그런데 치유산타로 불리는 김지유 박사의 칭찬과 긍정의 지지로 조금씩 용기를 갖게 되었다. 사실 푸드 강의는 수백 번 넘게 해왔지만, 나의 내면을 대상으로 진지하게 스스로 강의를 하는 셀프 테라피는 처음이었는데, 그 과정 속에서 발견하는 자기이해와 통찰, 성장의 시간이 나를 용기 있는 글쟁이로 변신시켜 주었다.

중국 춘추시대 오자서의 '일모도원(日暮途遠)' 이라는 말이 생각난다. 날은 저물어 가는데 갈 길은 너무나 멀다는 의미다. 이제 시작하는 나 같은 초보 작가에게 책을 만드는 일은 어쩌면 일모도원(日暮途遠)이다. 하지만 그렇기 때문에 나는 더더욱 글쓰기를 멈출 수가 없다. 생각이 나면 쓰고 고치고, 또 쓰고 고친다. 그러면서 나를 돌아보고 치유하고, 성장하는 나를 또 발견한다. 그 과정이 고통스럽고 때로는 한계도 느끼지만, 아무것도 없는 백지에 나의 영혼이 옮겨지고 활자가 상상의 모양새로 다듬어지며 글로 탄생하는 그 기쁨을 무엇과 비하랴.

70평생을 다문화가족을 위해 잘 살아온 지금 이 순간의 주름진 내 모습이 자랑스럽기도 하여 어깨를 으쓱이며 은근스레 자랑도 흘리곤 한다. 하지만 지나온 삶을 돌아보면 살기 바쁜 가운데 모든 면에서 미숙했던 부분들도 인정하게 된다. 이제 다시 시작하는 내 인생의 황금기는 70세 지금이라 믿고 하루하루를 소중하게 최선을 다해 보려고 한다.

지금 우리 사회는 코로나19로 힘든 시기를 보내고 있고, 지속적으로 성장하기를 포기하는 젊은 노인들도 많은 것 같다. 아무리 30대, 40대라고 해도 지속적인 성장을 위한 평생 공부를 하지 않으면 우리의 삶은 멈추게 된다. 마치 기계를 오래 쓰지 않으면 녹이 슬고 못쓰게 되는 것과 같은 이치다. 차라리 70대가 되어서도 느리지만 자신을 위한 지속적인 성장을 향한 공부는 우리의 뇌를 긴장시키고 발전시킬 수 있다. 사무엘 울만이 말하지 않았던가. 청춘은 기간이 아니라 마음의 상태를 말하는 것이라고. 사무엘 울만의 말처럼 나는 청춘이다. 머리를 드높여 매일매일 푸드표현 활동을 하며 희망이란 파도를 타고 글쓰기를 통해 성장해 가는 나는 80세가 되어서도 영원한 청춘일 것임을 나 자신과 약속해 보며 울만의 시를 옮겨본다.

청 춘(靑春)

사무엘 울만

청춘이란 인생의 어느 기간을 말하는 것이 아니라
마음의 상태를 말한다.
그것은 장밋빛 뺨, 앵두 같은 입술, 하늘거리는 자태가 아니라

강인한 의지, 풍부한 상상력, 불타는 열정을 말한다.

청춘이란 인생의 깊은 샘물에서 오는 신선한 정신

유약함을 물리치는 용기, 안이를 뿌리치는 모험심을 의미한다.

때로는 이십의 청년보다 육십이 된 사람에게 청춘이 있다.

나이를 먹는다고 해서 우리가 늙는 것은 아니다.

이상을 잃어버릴 때 비로소 늙는 것이다.

세월은 우리의 주름살을 늘게 하지만

열정을 가진 마음을 시들게 하지는 못한다.

고뇌, 공포, 실망 때문에 기력이 땅으로 들어갈 때

비로소 마음이 시들어 버리는 것이다.

육십 세이든 십육 세이든 모든 사람의 가슴속에는

놀라움에 끌리는 마음

젖먹이 아이와 같은 미지에 대한 끝없는 탐구심

삶에서 환희를 얻고자 하는 열망이 있는 법이다.

그대와 나의 가슴속에는

남에게 잘 보이지 않는 그 무엇이 간직되어 있다.

아름다움, 희망, 용기, 영원의 세계에서 오는 힘

이 모든 것을 간직하고 있는 한

언제까지 그대는 젊음을 유지할 것이다.

영감이 끊어져

정신이 냉소라는 눈에 파묻히고 비탄이라는 얼음에 갇힌 사람은

비록 나이가 이십 세라 할지라도 이미 늙은이와 다름없다.

그러나 머리를 드높여 희망이란 파도를 탈 수 있는 한

그대는 팔십 세일지라도 영원한 청춘의 소유자일 것이다.

나는 주홍빛깔의 말랑말랑한 반건시를 좋아한다. 반건시는 세월에 쭈그러들어 겉보기에는 볼품이 없지만 속은 한입 깨물면 몰랑몰랑 달콤한 맛이 자꾸만 손이 가게 하는 마력이 있다. 내가 만든 유산균 요거트와도 환상의 찰떡궁합이다. 감은 말리는 과정에서 모양도, 맛도, 식감도 완전히 새롭게 변신하는 신비로

〈뿌리부터 새록이 낯설음의 조화〉

운 과일이다. 반건시의 속을 들여다보면 마치 내 속을 들여다보는 것 같기도 하다.

내 속에 이런 달콤하고 부드러운 맛이 있기에 다문화가정과 말도 잘 통하지 않으면서도 30년이 넘게 마음으로 함께할 수 있지 않았을까. 작품을 바라보며 다문화가정 아이들과 함께 즐겁게 수업을 했던 지난 시간이 떠오른다. 아이들과 울고 웃고 기쁨과 감사를 나눈 그 말랑말랑한 감수성의 시간들이 마치 반건시 안에 오롯이 새겨져 있는 듯하다. 앞으로 다가올 다문화가족 아이들은 내게 또 어떤 말랑하고 달콤한 기쁨을 선물해 줄지 떠올려보며 기대감으로 부푼 나는 반건시처럼 아름답게 익어간다. 두 팔 벌려 팔짝팔짝 뛰며, 소리소리 지르며 나를 반겨주는 아이들. 인기 있는 선생님으로, 푸드표현예술의 전문가로 불러주는 아이들을 보며 난 코끝이 찡한 요즘을 가슴 벅차게 보내고 있다.

싱싱한 딸기로 표현한 이 작품은 울만의 시를 마음에 되새기며 새롭게 펼쳐지는 열정적인 나의 노년기의 화사한 꽃을 표현한 것이다. 딸기꼭지의 초록색과 딸기가 가진 붉은 빛이 어우러져

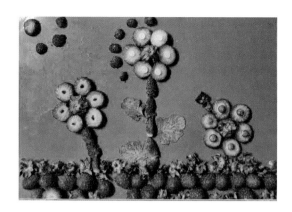

아름답게 다가온다. 딸기로 표현하는 이 순간 자체가 신이 내게
주신 아름다운 선물이다.

봄날의 달콤한 딸기 꽃처럼 나의 모습도 늘 아름답게 꽃피우
리라.

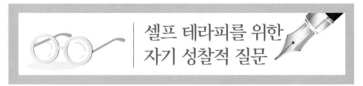

1. 나의 인생의 청춘은 어떤 시기인가요?

청춘이 아닌 시기에도 행복해지기 위한 방법은 무엇일까요?

----

2. 지금 나의 모습을 과일에 비유하면 어떤 과일인가요?

10년 후에는 어떤 모습으로 변해 있을까요?

변한 그 모습이라면 마음에 드시나요?

한은혜

- 한국푸드표현예술치료협회 이사
- 트라우마상담 전문가
- 공주보호관찰소 보호관찰위원
- 한국양성평등교육진흥원 전문강사
- 가정폭력피해자보호시설 소장
- i0328eunhye@naver.com

PART_8

● ● ●

고통을 치유의 힘으로

한은혜
한국푸드표현예술치료협회 이사

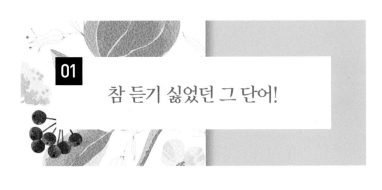

참 듣기 싫었던 그 단어!

최근에 내가 즐겨보는 TV프로그램이 있다. '싱어게인2' 라는 프로그램이다. 가수로 데뷔했으나 대중에게 잊혀져 가는 가수들의 재도전을 보여주는 프로그램이다. 많은 참가자들 중 나는 유독 33호 가수가 나의 눈길을 사로잡았다. 거친 목소리에 삶의 힘듦이 묻어나는 그는 "목소리에 대한 비난을 많이 들었어요."라고 말을 하면서 낮아진 자존감으로 그동안 무명가수로 살아온 시간들에 대한 아픔을 전달하는 듯했다. '절망을 넘어 희망으로' 라는 이름을 달고 도전한 그는 자신의 숨겨진 보석을 뒤늦게 발견한 듯 반짝반짝 빛나고 있었다. 그의 어디에서 그런 열정과 아름다움이 나오는 걸까.

언제부터인지 대한민국은 자존감 열풍으로 서점에는 베스트셀러에 자존감 관련 서적이 가득한 적이 있었다. 오래전에 읽었던 자존감의 교과서인 책을 소개한다. 정신과 의사 '윤답장' 선생의 자존감 셀프 코칭법인 〈자존감 수업〉이다. 자존감 전문가이자 정신과 의사인 윤홍균 원장이 쓴 자존감에 대해 친절하게 알려주는 책이다. 나 또한 윤홍균 원장이 안내하는 자존감을 끌어올리는 실질적인 방법에 대한 자존감 교과서와 같은 책을 보며 바닥으로 떨어진 나의 자존감을 끌어올릴 수 있었다.

우리의 삶을 지탱하는 축과도 같은 자존감. 나의 이야기를 하려고 한다. 나의 이야기 속에서 "어머~ 나도 그랬는데..."라는 동질감이 들며 좀 더 구체적인 자존감 향상 방법을 알고 싶다면 윤홍근 원장의 〈자존감 수업〉을 읽어보길 권한다.

자신이 진짜 원하는 것이 뭔지 헷갈려 엉뚱한 곳에 에너지를 쏟는 사람, 자기감정과 싸우느라 에너지가 쉽게 고갈되는 사람, 결국 이런 모습이 싫어 자신을 사랑하지 못한 채 하루하루를 그저 그렇게 살아가는 사람들을 위해 윤홍근 원장은 진솔한 고백을 하고 있다. "나도 뒤처지는 기분, 포기하고 싶은 마음, 중독에 빠져 희망을 놓고 싶은 충동에 사로잡히곤 했다."(2016)

우리는 자기 안에 있는 열등감, 낮은 자존감 때문에 투사되고 내사된 감정으로 보이지 않는 자신과의 불화와 갈등 속에 불편함을 감수하고 하루하루를 근근이 살아가는지도 모른다. 나는 짧은 지면 속에서나마 나와 만나는 이들이 건강한 자존감을 회복하도록 돕고 싶어 솔직한 나의 마음을 털어놓기로 용기를 냈다. 나도 내 모습이 정말 보기 싫어진 적이 있었다. 그래서 나 또한 나 자신을 사랑하지 못한 채 힘든 시간을 보내곤 했었다. 내가 나의 본모습을 감추고 간신히 나를 유지하고 있을 때 나를 건강하게 살아가도록 도운 윤홍근 원장처럼 나의 이야기가 나처럼 힘든 시기를 보내는 사람들에게 도움이 되길 두 손 모아 소망한다.

〈슬픔, 우울, 무기력, 비판을 깔고 나로 우뚝 서기〉

새로운 나를 찾고, 스스로를 칭찬하고 인정하며 우뚝 설 수 있도록 스스로를 소중히 여기는 자신을 느껴본다. 균형 잡힌 나로 성장하도록 나를 든든히 받쳐주는 존재는 바로 나 자신이다.

이 작품은 나이자 여러분일 수도 있다. 작품의 재료는 미니양배추라 불리는 방울다다기 양배추이다. 단단하고 잘 부서지는 채소이나 비타민U와 비타민K를 모두 가졌고, 위에 특히 좋은 식품이다. 위산과다에 제산제로 쓰이는 재료에 양배추의 원료가 들어간다는 사실을 알고 있는가. 양배추를 뜨거운 물에 한 번 데치면 아삭아삭하고 부드러운 식감을 주며, 위에도 좋으면서 먹기 좋은 음식이 된다. 양배추 꽃을 표현하면서 푸드재료를 통해 인생을 배우게 되고 나의 삶을 뒤돌아보게 된다. 뜨거운 열에 데워지면 부드러워지는 채소의 특징은 우리의 삶에서 고통, 역경, 시련을 통해 둥글둥글 해지며 단단한 개성을 보이는 자신은 부드러운 카리스마를 가질 수 있게 된다.

자존감이 낮은 사람은 주변을 예민하게 받아들이거나, 화를 잘 내거나 하는 등 스트레스 상황에 자주 노출이 되곤 한다. 낮은 자존감은 투사와 내사 등의 스스로를 힘들게 하다 보니 소화기능의 문제를 일으킬 수 있다. 나 역시 자존감이 낮아 스트레스에 취약했던 고등학교 시절 늘 위장통으로 힘들어했던 기억이 있다. 어쩌면 내가 이 작품에서 양배추를 선택했다는 것은 우연이 아닌 것 같다. 스스로를 치유 받고 성장하여 균형 잡힌 자신으로 우뚝 서고 싶은 무의식적 선택이었다.

도전에 도전을 하며 열정을 펼치는 싱어게임 참가자들의 모습이 내게 더 감동으로 다가오는 이유는 나도 그랬으니까. 그들의 꿈이 고스란히 묻어나는 감동의 무대는 심사하는 전문가들의 마음도 울렸으리라. 본인의 목소리에 '자신을 가져라' 칭찬하고 실력을 인정하니, 그들은 자존감을 조금씩 회복해 가며 자기 자신을 믿고 발전해 가는 모습을 보며 나 또한 크게 감동을 받았다.

어린 시절 나의 열여섯 늦여름. 아버지의 죽음은 나를 새로운 인생으로 인도했다. 장례식 날 아버지의 주검을 앞에 두고 큰언니가 친척들과 대화를 하면서 "경아와 은혜는 우리와 다르다." 라는 말을 했다. 무엇이 다르다는 거지? 그 이후 알게 된 가족사, 엄마가 다른 것에 대해 묻고 싶은 것이 많았지만 말할 수도, 들어주는 사람도 없었다. 내면의 어리고 슬픈 나를 숨긴 채 겉으로는 씩씩했었다. 그래서인지 나는 '씩씩해' 라는 말이 참 싫었다. 겉으로만 씩씩했던 나, 내면은 나약하고 슬픈 나, 어쩌면 나의 무의식적 방어기제가 작동했으리라. 그래서 그 단어가 그토록 듣기 싫었다.

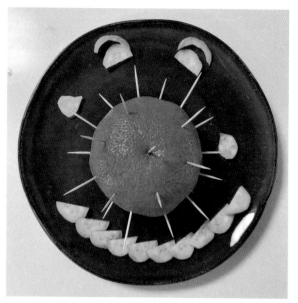

〈넌 항상 씩씩해〉

온통 상처투성이지만 겉으로 웃고 있으며 씩씩한 척 미소를 보이는 청소년기 나의 모습이다. 친구들에게 아무렇지 않은 척하던 나의 모습에 스스로를 질타하며 부정하던 나를 마주한다. 가시투성이 오렌지 껍질은 밝은 주황이지만 속은 주홍빛 아픔을 표현하는 듯하다. 싱싱한 오이지만 웃는 것인지, 우는 것인지 모르겠는 나.

감정표현에 서툴고, 태생적 존재의 고민으로 아무것도 할 수 없었던 나의 고등학교 시절. 성실하게 등교는 하지만 존재감이 없는 무기력하고 낮은 자존감 때문에 있으나 마나 한 학생이었다. 그때 존재감 없는 내가 유일하게 잘하는 것이 그림그리기였다. 그림을 그리고 마음을 표현하는 것이 상처받은 내면아이를 치유하는 과정이지 않았을까. 그렇게 낮았던 자존감은 서서히 회복이 되었고, 주변의 인정과 지지도 마음의 자양분이 되었다. 미술을 통해 '나도 하면 되는구나!' 라는 뿌듯함과 자부심으로 자기 효능감을 높일 수 있었다. 대학생활은 다양한 도전 속에서 어른이 되어가는 나에게 긍정정서를 회복하고 마음의 탄력성이 향상되는 시기였다. 예술 활동을 통한 치유와 회복의 경험이 보태져 나의 자존감이 회복되어 갔다.

지금 나는 어느새 50대의 중년여성이다. 여성으로 사회진출이 미미하던 한국사회에서 학원장을 거쳐 현재 사회복지전문가로 치열한 삶을 살아오면서, 사회에서 인정받고 자신의 자리에서 역할을 충분히 해낼 수 있는 나로 홀로 섰다. 정신건강 의학박사인 윤홍균(2016년)의 〈자존감 수업〉에서 어떤 감정이 행동을 지배하느냐에 따라 자존감의 높고 낮음도 결정된다고 했다.

나의 경우도 역시 아버지의 갑작스런 죽음으로 감정은 늘 멍하니 보이지 않고 흐리기만 했으며, 막연한 불안감이 늘 나를 짓눌렀다. 존재에 대한 부정은 나를 부정하게 되는 무가치함으로 자존감은 바닥을 치고 지하로 내려가고 있었다. 뭐 하나 잘하는 것 없는 무존재의 나, 그러나 그림표현을 통해 감정 에너지를 분출하며 자연스럽게 셀프 테라피가 되었다는 생각이 든다.

대학원에서 심리치료 석사과정을 마치고 푸드표현예술치료 전문가로 활동하면서 자존감 회복에 있어서 표현예술치료의 가치를 몸소 체험할 수 있었다. 자존감은 대물림된다. 부모의 자존감이 낮으면 자녀 양육에 있어 낮은 자존감의 아이로 키울 수도 있다고 학자들은 말한다. 나는 어린 시절의 나의 낮은 자존감이 나의 자녀들에게 대물림되지 않도록 노력하는 엄마이고자 했다. 그 결과, 나의 자녀들은 예쁘게 잘 성장하고 어른이 되어가면서 자신의 삶을 잘 개척해 나가고 있다. 이제는 그들의 몫인 듯, 나는 함께하며 사랑으로 지켜보는 엄마이다.

나는 어렸을 때 낮은 자존감으로부터 회복하여 지금은 다른 사람들을 치유하고 성장시키는 전문가가 되었다. 하지만 매 순간순간 자존감을 회복하는 셀프 테라피를 하고 있다.

나는 마음이 나에게 질문을 할 때마다 주방의 식재료를 가만히 바라본다. 그리고 내가 뭔가 표현한다면 무엇이 나를 끌어들이고 있는지 느껴보며 재료를 선택하게 된다. "왜 하필 그 재료일까?" 이 물음부터 하나하나 스스로에게 질문을 던져보면시 나를 찾아가는 여정을 출발해 보는 것이다.

의구심을 거두고 우선은 자신에게 질문을 던져보는 것이 어떨까. 푸드표현 작품과 마주하고 대화를 나눠보는 시간은 정말 중요한 부분이다. 그 치유회복의 경험은 나의 내면의 아픔을 외부에서 찾는 것이 아니라 나 자신을 들여다보며 하나하나 찾아가 알아차리게 도와줄 테니. 나를 있는 그대로 받아들일 수 있을 때 나의 자존감은 회복할 수 있다. 듣기 싫어 방어로 자신을 무장했던 소리도 들을 수 있게 되었으니, 이 얼마나 감사한 일인가.

이제 나는 '씩씩해' 라는 말이 싫지 않다. 힘든 순간에도 툭툭 틀고 다시 시작하는 씩씩한 내가 좋다. 힘든 일이 다시 다가와도 나는 오뚜기처럼 일어나 나로 설 수 있는 자신감이 있음을 알기 때문이다.

동의보감에 깻잎은 속의 질서를 잡는 효과가 있다고 기록되어 있다. '간절함1'의 푸드표현으로 선택한 깻잎은 씹었을 때 개운한 맛과 향을 느끼게 한다. 깻잎의 향은 허브와 마찬가지로 마음을 안정시키고 머리를 맑게 해주는 작용을 하며 로즈마리에 있다는 로즈마리산이 깻잎에 7배나 많이 들어 있다. 스트레스와 불안증세, 우울감, 수면부족으로 고통을 겪고 있는 사람들에게 효능이 탁월하다고 알려져 있다. 존재와 미래에 대한 불안에서 나를 일으키고자 하는 간절함을 깻잎의 기운을 빌어 조심스러우면서 긍정의 기운을 받으려하는 표현이다.

'간절함2'에서는 깻잎이 삶의 주체로 표현되었다. '넌 항상 씩씩해'의 작품에서 가시투성이의 오렌지에서 희망의 싹이 성장할 수 있도록 자존감 회복 후 성장이 있는 나무로 표현하였다. 깻잎 두 장은 마치 간절히 기도를 하는 듯 표현되었고, 그 마음이 전해져 자신의 뿌리를 길게 뻗은 단단한 나무로 성장할 것만 같아 기분이 좋아지는 작품이다.

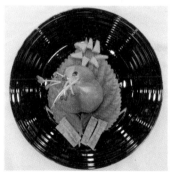

〈간절함1〉

고통의 나날에서 새로운 새싹을 틔우고 싶은 간절함을 담으며, 모든 긍정 에너지를 모아 나를 위한 기도를 한다. 깻잎으로 간절함에 소중함을 담고 외부의 자극에 영향을 받지 않도록 스스로를 지켜주고 싶은 마음이 보인다.

〈간절함2〉

참된 나를 알아가는 여정은 결국 나를 들여다보는 것이다. 나를 들여다보지 않고 진정한 나를 만날 수 없다. 나의 자존감 회복을 위해 무엇보다 스스로의 통찰 과정에서 무르고 익어야만 그 안에 에너지의 원천이 있다는 것을 발견하고, 그 에너지를 통해 괜찮은 나로 설 수 있다.

나의 삶을 돌아보면, 상처는 과거형이라 내가 어떻게 할 수 없었다. 그러나 아팠던 과거 덕분에 나는 지금의 나로 설 수 있었으리라. 무기력했던 과거를 훌훌 털고 지금의 나, 변화를 즐기는 나로 우뚝 설 수 있었다. 그리고 나는 현재의 나를 바라보며 푸놀치를 통해 창조적 치유의 경험이 참 좋다.

나를 들어내는 시간이 많아지고 편안해진다는 것은 어쩌면 나를 마주할 용기도 더 많이 생긴 것은 아닐까.

〈지금의 나〉

마주한다는 것은 대화를 하는 것이며, 바라본다는 것이다. 나는 언제나 나를 바라본다.

인간중심 표현예술치료의 창시자인 나탈리 로저스의 "창의적인 것이 치유적인 것이다."라는 말처럼, 나는 푸놀치 안에서 나를 바라보고 창조적인 사람으로, 치유적인 사람으로 선한 기운을 나누고 있다. 상처로 힘들어하는 이들을 새로이 살아갈 수 있도록 나의 기운을 나는 삶이 감사하다.

02 긴 여정

어느 날 무표정하고 무기력한 내담자를 상담센터
에서 만났다. 그녀는 북한 이탈주민으로 험한 탈북 길을 거친
후 한국단체의 지원으로 입국하여 한국사회에 적응할 수 있도
록 교육과 상담을 통해 사회생활을 시작했다고 한다. 그리고 현
재의 남편을 만나 결혼을 하고 2명의 자녀를 두게 되었다. 상담
센터를 찾아왔을 당시 내담자는 결혼 8년 차로 남편의 언어적
폭력과 정신적 학대, 경제적 학대를 경험하여 우울감이 만연한
상태였다.

북한 이탈주민의 심리적 특성에 대해 하나원을 비롯하여 공통
되게 나타나는 부분이 있다. 북한을 탈북하여 남한에 살고 있는
북한 이탈주민 중에는 한 가지 이상의 외상사건 경험이 있으며,
외상사건의 경험이 많을수록 PTSD 증상이 높은 것으로 나타나

고 있다.(박정순, 2013) 북한 탈북과정과 탈출 후의 과정에서 외상 후 스트레스 장애 증상은 북한 이탈주민의 적응과정에서 지속으로 영향을 주는 것으로 나타났다. 남한에 입국한 '북한 이탈주민'은 스스로를 자유를 찾아 남한으로 온 북한인으로서 사회적 지위와 성별, 종교, 출생지, 민족 그리고 소속집단과 국가에 관계없이 동등한 인간으로서의 가치를 인정받는 것으로부터 시작된다. 북한 이탈주민은 한민족이면서도 난민도, 이주민도 아닌 애매모호한 특성을 가지고 있다.

내담자 역시 한국사회에 적응하는 것이 쉽지는 않았다고 한다. 그러나 남편과 교제를 하면서 한국에 정착해서 잘 살 수 있겠다는 희망이 생겼다고 한다. 그녀의 얘기를 듣다 보면 내가 상상할 수 없는 상황에서 '자유'를 찾아 목숨을 걸고 제3국을 거쳐 한국으로 오는 길은 두렵고 불안하기만 한 아슬아슬한 과정으로, 마치 공포와 스릴 가득한 영화를 보는 듯했다. 그녀의 경험이 그만큼 한국의 현실에서는 보기 어려운 일일 것이다.

북한 이탈주민들이 자유를 찾아 어려운 환경을 극복하고 한국에서 살아가는 것이 대단하며 경이롭게 느껴지기도 한다. 내담자를 비롯하여 많은 북한 이탈주민들이 한국사회에 잘 적응하고 트라우마에서 건강하게 회복하여 자유롭게 살아가길 바라는

마음에 작품을 표현해 보았다. 이젠 더 이상 아픔이 없는 삶이

길 바라본다.

〈회복과 희망〉

이제 아름다운 삶을 살아가길 바라는 마음과 향기로운 꽃길 위에 스
스로를 아름답게 피우기를 바라는 마음에 작품을 표현하였다. 그들이
한국에서 아픔이 아닌 트라우마를 회복하고 새로운 희망과 꿈을 가지
는 그들의 행복한 꽃길이 펼쳐지길 바래본다.

처음 내가 노랑 씨를 만난 날, 그녀는 이미 삶을 초월한 듯 아무

의미도 없다는 식으로 자신을 소개하였다. 2명의 자녀가 아니

었다면 자신은 이미 저세상 사람이었을 것이라고 말했던 그녀.

노랑 씨는 죽을 각오를 하고 힘들게 자유를 찾아 왔지만 자신에게 또 다른 죽음이 기다리고 있었다고 했다. 남편과 결혼 후 2년 간은 너무 즐겁고 행복한 시간들이었고, 남편에게 사랑받으며 아이가 태어나고 모든 게 순조롭게 평범한 한국 가정의 모습을 이루어 가고 있다는 것에 스스로 대견함까지 느꼈다고 한다. 그러나 결혼 3년 차가 되면서 남편은 무엇인가가 달라지기 시작했다고 한다. 남편의 회사 동료 중에 노랑 씨의 가정과 비슷하게 탈북여성과 결혼한 남자가 있었고, 어떤 사연인지 부인을 통해 사기를 당했다고 하며, 그 남자 동료는 모든 돈을 잃고 자포자기한 모습으로 매일 같이 술에 취해 겨우겨우 살아가는 것을 남편이 알게 되었다 한다. 그 이후부터 남편은 노랑 씨를 의심하기 시작했다고 한다.

남편은 생활비로 사용하는 지출내역에 대해 하나하나 지적하고 돈의 쓰임에 대해 의심을 하는 등의 통제가 시작되었다고 한다. 그 무렵 둘째가 임신되어 검사와 진료를 받아야 했지만 남편은 그것조차 허락하지 않았다고 한다. 그러면서 "북한에서는 병원을 안 가도 아이가 잘만 태어난다."라며 비난의 말을 했다 한다. 남편의 예전과 다른 말과 행동에 그녀는 혼란스러웠다고 한다.

달라진 남편으로 인한 두려움과 폭언, 통제, 돈을 사용하지 못하게 하는 등의 가정 내 폭력적인 상황은 자주 발생했으며, 내담자는 자신의 처지에 대한 비관과 비참함으로 우울감이 심해져 자신의 삶을 멈추고 싶다는 생각까지 들었다고 한다. 그녀의 심리적 상태는 자기효능감, 자기조절감, 자기안전감이 모두 침해 받고 있는 상황으로 자존감이 매우 낮은 상태였다. 자존감이 낮아 진 내담자는 2명의 자녀를 돌봐야 하지만 모성마저 무너져 가고 있는 상황이었다. 낮아진 자존감은 노랑 씨를 주눅들게 하고 대인관계를 피하게 하며, 매 순간 긴장하게 만들었다.

상담센터를 방문한 첫날 상담자의 시선을 마주하지 못하고 있었다. 긴장감이 감도는 상담공간에서 그녀에게 무엇을 좋아하는지 묻자 커피를 좋아한다고 했다.

노랑 씨를 위해 미리 여러 가지의 커피를 준비하였고, 상담회기 중 커피를 활용하여 상담을 진행하는 방법을 선택하였다. 그녀가 좋아하는 매체 활용으로 적극적으로 자신을 잘 표현할 수 있도록 안내하는 기회를 가지게 되었다.

"선생님께서 저를 위해 다양한 커피를 준비해 주시니 존중받는 것 같아서 너무 감사한 마음이 들어요."라고 말했다. 편안해하는 모습에 나 또한 기분이 좋았다.

"커피 가루가 손가락 사이를 지나가는 것이 기분 좋게 하네요.
사이사이 커피향이 추억으로 이끄는 것 같아요."

"그러셨군요. 좋아하시니 저도 기쁘네요. 커피를 보고 존중받
는 느낌이라 하셨는데 이와 비슷한 경험이 있으셨나요?"

커피 가루를 손으로 만지작거리면서 "제가 커피를 좋아하는데
남편은 커피를 사서 마시것은 낭비라며 비난을 한 적이 많아서
남편이 미웠어요. 그래서,,,"

"네. 커피로 인해 남편으로부터 존중받지 못한 경험이 있으셨

군요."

"네. 맞아요 존중! 남편이 늘 비난하기만 했어요. 북한을 탈북하여 중국에 숨어서 생활할 때 처음으로 한국의 믹스커피를 마시게 되었어요. 그때의 커피 맛을 잊을 수 없어요. 정말 신세계였어요. (커피 가루를 만지면서 그때의 기억을 떠올리며 미소를 보였다.) 그래서 가끔 믹스커피를 마시곤 해요."

"그런 기억이 있으시군요. 그때의 기억을 떠올리면서 미소를 보이시는데, 긍정적인 기억으로 남아 있는 것처럼 여겨지는데 어떠세요?"

"네. 그때는 절박했어요. 언제 들킬지, 언제 죽을지 매 순간이 불안했거든요. 그런데 커피를 마실 때 커피 향과 따스한 기운이 순간 모든 불안을 잊어버리고는 행복한 마음을 느끼게 했어요. 참 신기했어요."

"지금 커피 향을 맡으면서는 어떠셨어요?"

"커피 향이 마음을 편안하게 하는 것 같아요."

커피 가루를 만지다 내담자는 "선생님 좀 더 넓은 것에서 할 수 있나요?

접시 위에서 커피 가루를 표현하던 그녀가 넓게 표현하고 싶어하여 도화지 2장을 붙여서 표현하도록 하였다.

〈넓은 도화지의 공간이 부족할 만큼 자유로움에 대한 욕구를 표현〉

노랑 씨는 접시에 표현하는 것이 좁다는 생각이 들었는지 넓은 것을 원하여 도화지 2장을 붙여 드렸다.

"네 넓어지니 좋네요."라고 말하며 그녀는 빙글빙글 원을 그리기 시작했다. 커피 가루를 모았다 흩었다, 빙글빙글 그리는 등의 행동을 한참 반복해서 했다.

커피 가루를 빙글빙글 계속 그리다 중앙 부분을 비어두기를 표현하면서, "이 빈 공간이 저 자신이에요. 저는 지금 텅 빈 듯한 느낌이에요. 껍질만 남은 저예요."라고 했다.

"텅 빈 공간이 어머니 자신이라 하니 마음이 아프네요. 그 빈 공간이 만들어지는 과정을 지켜보니, 어머님이 손으로 하나하나 옆으로 커피 가루를 밀어내어 중심에 작은 커피 뭉치만 남기고 공허한 공간을 남겼어요. 중심의 커피 가루를 모아 둔 것이 주변의 빈 공간으로 인해 더 작아 보이기도 하는데 어떻게 느껴지시나요?"

"사실 저 자신은 저것보다 더 작을지도 모르겠어요. 죽음을 각오하고 북한에서 탈출했지만 지금 남편은 나를 죽일 듯이 힘들게 해요. 내가 한 것이 잘한 것인지 의문이 들 때도 있어요. 애들이 없었다면 더 버티는 것이 어려웠겠죠."

〈현재 껍질만 남은 텅 비어 버린 내담자 자신의 마음을 표현〉

"희망과 자유, 사랑, 행복을 위한 탈출이 지금은 통제와 폭력, 학대의 상황으로 과거의 삶과 장소만 달라진 현실이 어쩌면 어머님이 감당하기 어려웠겠구나 하는 생각이 드네요."

"네. 감당이 안돼요. 어떻게 해야 할지도 모르겠어요."

"지금 상황에서 분명 어렵고, 힘들고, 이해되지 않는 부분들이 있지만, 지금까지 살아오면서 잘했다 생각되는 것들이 있을까요?"

"가장 잘한 일은 자유를 찾고, 새로운 사회에 적응하고, 남편을 만나 사랑하고 결혼해 두 명의 보물을 가진 거지요."

"맞아요. 어머님의 용기와 도전정신으로 자유를 찾고, 한국에 적응하여 결혼과 두 자녀까지, 정말 놀라운 일이죠. 정말 잘 해 내셨네요"

"아이들을 위해 저는 바로 서고 싶어요. 남편이 나를 힘들게만 하지 않는다면 우린 잘 살 수 있을 거예요. 저는 죽을 고비를 수도 없이 이겨냈거든요."

"그럼요. 어머님은 그런 힘을 가지고 계신 분이에요. 분명한 것은 아무나 할 수 있는 일은 아닌 것이라는 거죠."

"희망을 가지며 살고 싶어요. 가족이 다함께 행복해지고 싶고요. 제발 남편이....."

"남편의 어떤 부분이 변화되기를 바라세요?"

"통제, 비난, 폭언 등의 행위는 안 했으면 좋겠어요. 아이들에게 영향을 줄까 걱정도 되고요."

"남편의 이런 행동은 한국사회에서는 폭력으로 보고 있습니다. 그러니 남편의 행동에 문제적인 부분은 있지요."

"남편은 문제가 없다고 여기는 것 같아요. 남편도 상담을 받았으면 좋겠어요."

"남편의 인식개선이 필요한 부분이 있다고 보여지는데, 다음 주에 함께 오시면 좋겠어요."

"커피 가루로 이렇게 표현하는 것도 신기하네요. 뭔가 새로운 느낌이 들어요."

"새로운 느낌을 잘 기억해 두시고 집으로 돌아가시면 매일 한 번씩 커피 가루를 이용해서 푸드표현 셀프 테라피를 해보세요. 매일 새로운 푸드표현 작품을 통해 노랑 씨의 내면에 있는 긍정 에너지를 작품에 가득 담을 수 있을 거라 생각합니다."

커피 가루를 통한 자신의 무의식의 욕구 '자유'에 대한 갈망을 표현하고 알아차리게 하는 순간이었다. 푸드표현을 한다는 것은 자신을 바라본다는 것이며, 표현된 심상을 통해 자신의 또 다른 내면을 보는 것이다.

푸드표현 셀프 테라피를 통해 용기와 도전으로 새로운 삶을 찾아 나섰던 그녀의 본래 모습을 스스로 찾을 수 있을 것이다. 앞으로 자신의 새로운 모습을 통해 긍정적인 자기를 찾는 순간들이 그녀를 살아가게 하는 힘이 될 것이다. 이런 셀프 테라피의 과정이 자존감을 회복하게 만들고 그로 인해 그녀는 우울감도 긍정적 에너지로 변화시키는 내적 힘을 기르게 된다.

노랑 씨의 인생을 되돌아보면 자유에 대한 갈망으로 도전적인 선택과 자신의 삶을 주도적으로 살아가게 만든 힘을 가진 데 반해 현재의 통제적인 생활은 매우 힘들었을 것으로 예상된다. 이런 부분에 대한 이해를 배우자가 할 필요성이 있어서 남편을 상담센터로 내방하게 하여 상담을 하였고, 부인에 대한 이해와 수용을 할 수 있는 부분에 대해 의견을 나누었다. 남편은 부인을 불신하는 것이 본인의 내면의 문제일 수 있으며, 남편도 상담을 꾸준히 받는 것에 동의를 하여 개별로 상담을 진행하게 되었다. 그녀는 자신의 현 상황을 상담자에게 솔직하게 얘기를 함으로써 심리적 가벼움과 자신을 이해하고 수용하는 대상자가 생겼다는 안도감도 형성하게 되었다. 자존감을 높일 수 있는 방법에서 신뢰적인 관계가 매우 중요하게 작용한다. 자신을 있는 그래도 받아들여 주고 믿어주는 누군가가 있다는 것에 내담자는 힘을 가지게 되는 것이다.

남편 역시 상담을 받으면서 부인의 인생에 대한 어려웠던 기억들과 트라우마에 대해 이해하고 수용하면서 눈물을 흘리고, 자신이 왜 그러했는지를 심리적으로 이해해 가게 되었다. 의심과 통제에 대한 자신의 행동에 무엇이 잘못되었는지를 알아가면서 스스로 해결해 갈 수 있도록 통찰의 기회를 가지도록 하였다.

〈믿음의 얼굴〉

불신으로 인한 오해와 갈등, 타인의 말에 휘둘리는 자신에 대한 반성 등으로 가족에게 자신은 희망이 되어야 한다고 생각하며 '믿음의 얼굴'의 제목으로 표현함. 계란처럼 영양가 있는 남편으로 아빠로 살아가고 싶다는 마음이 담긴 남편의 작품이다.

트라우마를 안고 살아간다는 것은 정말 경험하지 못한 사람이 이해하는 것은 힘들다. 내담자는 상담을 통해 죽음의 생각을 벗어버리고 자신의 가능성에 집중하도록 했다. 푸드표현 상담을 통해 자신의 재능을 찾고, 고통의 순간들을 극복하고 한국에 온 것처럼 자신을 믿고 나아갈 수 있도록 상담자는 끊임없이 신뢰의 관계를 주었다. 과거의 트라우마가 치유되기도 전에 지금의 고통이 더해져서 더 힘든 것임을 알고 푸드표현을 통해 스스로 치유하는 작업을 하게 되었다.

모든 상담과정을 마친 내담자의 부부는 현재 각자의 가치를 존중하며 잘 살아가고 있다. 내담자는 자신이 좋아하는 커피를 이용하여 바리스타 교육을 받아 동네 카페에서 아르바이트를 하면서 즐거운 삶을 살아가는 중이다. 앞으로 이들의 가정에 문제가 없지는 않겠지만, 아픔을 이겨 나가는 힘이 생겼다. 과거의 무기력하고 우울하고 자존감이 낮아 아무것도 할 수 없었던 순간들에서 벗어나 활기차고 생기 넘치는 자신으로 돌아가 건강한 가정을 만들고 있으니 이 얼마나 감사한 일인가.

나는 그녀를 생각하며 내 마음을 담은 작품을 표현해 보았다.

재료는 쌀과자를 잘게 부수고, 색색이 다양한 사탕을 재료로 사용하여 그녀에게 희망의 메시지를 보내 본다.

〈알록달록 빛나는 재능〉

다양한 삶은 다양한 빛을 발산하듯, 각자의 색을 존중하며 때로는 같이, 때로는 각자의 영역에서 자신의 자존감을 성장시킬 수 있는 역할을 하리라 믿는다. 내담자의 다양한 재능이 빛을 발하고 실패해도 다시 일어나는 오뚝이 같은 회복 탄력성을 지닌 내담자로 살아가길 바라는 마음과 그녀의 생애는 부드럽고 고운 길이 펼쳐지길 바라는 나의 간절한 마음을 가~~~득 담았다.

03 서른다섯, 3월의 출발

30대 중반 어느 순간 남들이 보기엔 별문제 없어 보이는 잘나가는 학원장으로 뜬금없이 솟아나는 질문 하나. "나 이대로 살아가야 하나?, 이렇게 살면 되는 것일까?" 하는 질문이 내 안의 나에게 계속 질문을 해대고 있었다. 돌아보니 내가 좋아하는 분석심리학자이자 정신과의사인 융(Jung) 선생님이 말하는 중년의 심리학. 진정한 자기를 찾아 떠나는 여행이 시작된 것이다.

융의 분석심리학에서 핵심개념인 '개성화(individuation)'는 진정한 나를 발견하고 전체 정신을 실현함으로써 온전한 인간이 되기 위한 자기실현(自己實現)의 과정이다. 인생의 전반기의 개성화 과제는 사회적응에 있고, 후반기의 개성화 과제는 자신의 내면 세계의 적응이다. 융의 개성화는 자신의 내면을 성찰함으로써 진정한 자기(Self)가 중심이 되는 삶으로 변화하는 과정으로 심리적 불균형을 회복시키는 방법이라고 했다.

나의 'The Self' 와 만나 보고자 푸드표현 작품활동을 해보았다. 작품을 생각하는 순간 대형접시가 나를 불렀다. 큰 접시를 선택한 이유는 아마도 무의식적으로 내 안에 중년을 지나며 여유와 넉넉함을 표현하기 위한 선택은 아닐까 싶다. 융은 "무의식에 있는 모든 것은 사건이 되고 밖으로 현상으로 나타난다." 라고 했다. 큰 접시를 선택한 나의 무의식적 표현은 당시에 하고 싶

〈우리 그동안 잘해 왔어〉

나 이대로 살아가야 하나? 내가 원하는 것은 무엇이지? 라는 물음에 대한 답을 찾는 여정으로 노년기의 나의 모습을 상상하고 내가 원하는 그림을 표현하였다. 노을빛 물드는 오후시간에 잔잔하고 온화한 노을빛을 맞으며 두 사람이 손잡고 걸어가는 모습이다. 작품을 완성하고 평안했던 마음과 저렇게 살고 싶다는 마음이 가득했었다.

은 것이 많았을 것이며, 앞으로 해야 할 일들이 많아서였을 것 같다. 나의 무의식적 욕구가 접시와 푸드 재료를 선택했으리라.

당시에 나는 자녀 2명을 출산하고 학원을 경영하던 30대 여성으로 안정적으로 잘살고 있었다. 잘살고 있는 삶이 어느 날 불현듯 내적 질문이 밀물 들어오듯 나를 움직이게 만들었다. 질문의 해답을 찾는 방법으로 2005년 3월 대학평생교육원의 미술심리상담사과정에서 치유산타의 만남. 첫 상담공부의 시작이었다. 그리고 한국미술치료학회 연수를 이어가면서 서울, 대전, 대구, 용인, 경주까지 정말 열심히 쫓아다니며 과정을 들었다.

나의 서른다섯은 그해 3월 그렇게 시작되었다, 그때 함께 학습을 통해 인연을 맺은 치유산타, 푸우, 아람, 초코나무 등의 소중한 존재들은 바라만 보아도 좋은 사람들이다. 지금까지도 관계가 이어지는 것은 서로 밀당을 해서다. 내가 주저앉으면 당겨주고 밀어주는 그런 관계 말이다.
상담공부를 시작하고 몇 년 후 폭력피해로 고통을 받는 분들을 심리적으로 회복하고 사회적서비스를 받을 수 있도록 전문기관에서 일하게 되었다. 피해자 지원에 정말이지 열정을 다하면서 일했던 것 같다. 나의 몸보다 피해자를 먼저 챙기면서 일했었던 나는 2014년에 문제가 발생하였다. 그동안 나를 돌보지 않아 내 몸이 말이 아니었다. 당시 12시간의 긴 수술시간은 죽음의 터널을 지나는 시간이었다. 지금도 그때를 생각하면, 그날 나의 회복을 위해 기도한 주변의 고마운 사람들이 떠오른다. 가족, 교회식구, 지인들의 간절한 기도에 하늘의 섭리에 따라 다시 한 번 목적을 가지고 살아갈 수 있는 기회를 가질 수 있게 되었다.

〈승리의 면류관이 피어나리〉

인생은 언제나 고비고비 고개가 있으며 그 과정에서 아픔과 성장이 공존한다.
아픔과 성장은 하나이며, 그 과정 안에서 꽃도 피우고 열매도 맺을 수 있다.
간절함은 염원을 담게 되고 그것은 아름다운 면류관으로 돌아온다.

9월에 입원해서 11월에 퇴원하는 동안 병원의 의사들이 그렇게 고마울 수 없었다. 건강한 몸으로 회복하는 과정을 마치고, 드디어 퇴원의 날 정말 기분이 좋았다. 소독향기 가득한 병실 공기가 아닌 11월의 서늘하면서 시원한 공기가 선명하게 기억으로 남아 있다.

다시 복직을 하고 피해자들의 트라우마 회복 상담을 지속하였다. 큰 수술을 한 후 내담자를 만나는 나의 마음과 자세는 달라져 있었다. 인간의 삶과 생명에 대한 소중함을 깨달은 나는 내담자에게 '너무 열심히 하려고 애쓰지 말자' 라는 의미를 전하게 되었다. 무엇을 하든 가장 중요한 것은 자신이라는 것을 내담자에게 꾸준히 얘기를 하게 되었다. 내담자를 바라보는 시각이 달라지자 그 동안 내가 한 많은 상담현장에서 만난 내담자들이 생각났다. 부족하고 어설픈 상담자에게 마음 문을 열어주었던 그분들에게 죄송함과 고마움이 느껴졌다.

서른다섯 이후부터 지난 여러 상황 속 내 인생의 가장 어두운 터널을 통과하는 순간을 떠올리며... 나를 바라보는 작품을 만들어 보았다. 암울한 나의 감정은 보라색 접시를 선택하고 속을 들어 내지 않은 나를 양파에 비유했다. 불안정한 심리적 상태를 흑미를 통해 안정적으로 닻을 내리고 살아가고 싶은 나의 내면 깊숙한 원함이라 생각한다. 마지막 작품의 오이는 싱그럽고 창의적인 사람을 살아가는 나를 통해 새로운 가능성을 만들고자 하는 나의 마음이다.

어디에 닻을 내려야 할지 몰라 매운 인생 안에 꼭꼭 숨어서 자신을 들어내지 않는 나의 모습으로 답답하고 어둠으로 앞이 보이질 않는 나를 마주한다.

나를 찾아 가는 순간에 나는 모든 것을 벗어나 새로운 나로 변화될 수 있음을 느꼈다. 이제는 매운 양파를 좋아하게 되었다. 가족, 직장, 나의 건강 모든 게 고비가 있었지만 고비를 넘길 때마다 성장이 따라왔다.

창의성의 색인 보라를 만나고 나니 꽉 찬 느낌이 왔다. 〈색채심리〉의 저자인 스에나가 타미오는 보라색이 "고통을 치유의 힘으로 바꾼다."라고 했다(1998). 무의식적이고 자연스럽게 집어든

보라색 접시는 스스로 치유의 힘을 느끼고자 하는 내면의 색이었다. 보라를 추구하는 내 안 깊은 곳에는 스스로를 치유하고 건강한 자신으로 이끌기 위한 힘이 담겨 있었다. 나의 기분 속에는 빨강으로 대표되는 감정의 용기, 반항, 생존과 파랑으로 대표되는 감정의 평화, 안정, 빛을 융화시켜 조화와 잡으려는 욕구가 있지 않을까 한다.

삶이란 그렇게 고비고비 하나둘 넘어가면서 숨이 턱턱 막히지만 쓰디쓴 아픔 뒤에는 달콤한 열매가 있다. 사람과 사람 사이의 문제로 인해 세상을 부정적으로 바라보던 나의 시각은 세상을 내가 어떻게 바라보느냐에 따라 달라질 수 있다는 것을 알아가는 길의 여정이라는 것을 알 수 있었다.

그동안 만난 많은 내담자들에게 받은 신뢰와 믿음은 나에게는 자존감을 높이는 순간이 되었다. 상담을 통해 변화해 가는 모습을 보면서 상담자로써 나의 존재감은 더할 수 없이 감사한 순간들이었다. 내담자의 성장은 나의 성장이기도 했다.

내담자의 치유와 성장이 나의 기쁨과 성장으로 돌아왔다.

감사한 인연들이 하나둘 연결되어 나를 만들어 가며, 둥글둥글 세상을 살아가는 법을 배우는 것 소중한 순간들을 푸드표현에 담았다.

모든 만남과 인연에 대해 감사한 마음을 담아 긍정적 경험을 주신 모든 이들에게 보내면서 감사한 마음을 전달하였다.

나는 다시 나를 필요로 하는 곳으로 돌아올 수 있었다. 가정폭력피해자 보호시설의 시설장으로 이직하면서 또 다른 방식으로 피해자의 트라우마 회복과 성장을 지원할 것이다. 모든 사람들이 참 나에 집중하고 자신이 원하는 방향으로 두려움 없이 나아가길 바란다. 그 가는 길에 나는 그저 가로등 역할을 하고자 한다. 앞이 잘 보이지 않지만 미미한 가로등이라도 있으면 그 빛을 바라보며 나아갈 수 있지 않은가.

조금의 희망을 찾아서라도 잘살고 싶은 마음에 "꽃길만 걷자"라는 유행어가 생겼으리라. 우리가 그만큼 힘든 것인지도 모른다. 자존감이 높은 사람들은 스스로를 굳건히 믿음으로 고통의 바람에 쉽게 넘어지지 않는다. 버텨 내는 내면의 힘이 있는 것이다. 모든 상담자는 내담자가 버텨 낼 수 있는 힘을 키워주는 '자존감 성장 처방약사'가 되어야 한다. 자존감 열매의 결실을 위해 잡초도 제거하고 영양제도 주는 사람이 바로 상담자이다.

17년 전 3월의 우연한 만남은 내 인생을 완전히 바꾸는 운명적 만남이 되었다. 치유산타의 꿈의 행진을 바라보며 나 또한 어느덧 강산을 훌쩍 넘어 중견상담자로 성장했다. 이제는 지역사회에서 자존감 성장 처방전을 담은 심리약사가 되어 빛과 소금의 역할을 하고 있다. 내가 만난 많은 내담자에게 진심으로 감사함을 전하고 싶다. 나와 함께 성장해 주신 것에 감사하다. 앞으로 나는 세계적으로 푸놀치의 놀라운 경험을 전파하고 싶다. 현재는 치유산타와 함께 쓰는 트라우마 전문 서적을 준비 중이다. 트라우마로 힘든 이 시대, 많은 분들에게 도움이 되는 꼭 필요한 책이 될 것이라는 기대감을 가져본다.

12월 추운 날, 앞으로 원하는 꿈을 이루고자 '드림트리'를 표현함으로 간절한 마음을
담아 기도를 한다.

노사연의 〈만남〉이라는 노래의 가사가 떠오른다.

"우리 만남은 우연히 아니야~ 라는 가사에서 모든 만남은 내 삶
에 존재의 흔적을 남긴다. 긍정이던 부정이던 나에게 영향을 주
어 그것을 긍정적으로 알아차리고 성장하는 순간순간이 모여
지금의 내가 또 다른 누군가에게 영향을 주고 있지 않나.

이 글을 읽으시는 여러분, 풀놀치 프로그램을 통해 당신 삶의
경험과 대가 없는 선의, 나눔과 베품으로 세상에 선한 영향력을
전파하는 것은 어떨까요? 지구의 모든 이에게 치유와 성장의 감
동을 전하는 일에 우리 함께 가실래요.

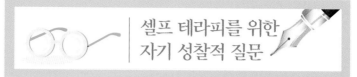

1. 최근 자신을 보호하고자 방어적으로 말하거나 행동한 적이 있을까요?

   그런 경험이 있다면 왜 그렇게 했을지 스스로에게 질문하고 푸드표현을 통해 자신을 바라 보는 시간을 가져 보아요.

2. 당신이 지금 서 있는 그 곳은 어떤 자리일까요?

   당신이 진정 원하는 곳인지, 아니면 진정으로 원하는 곳을 찾고 있을까요?

   푸드재료를 통해 자신의 원함을 찾아보는 시간을 가져 보아요.

3. "나 이대로 살아가는 것이 맞는 것일까?"라는 질문을 한 적이 있을까요?

   그 질문에 답을 찾고 계신가요?

   자신의 마음과 손이 이끄는 푸드표현 재료를 사용해 자신에게 묻고 답을 찾아보는 자신의 깊은 내면과 만나는 시간을 가져 보세요.

홍헬렌송귀

- 한국푸드표현예술치료협회이사
- 마음창 심리 & 코칭센터장
- 한국푸드표현예술치료협회 용인지부장
- 대한노인회.한국시니어교육협회시니어강사

PART_9

● ● ●

건강과 행복을 먹는 마음여행

1. 복주머니를 열며
2. 행복을 먹는 신명난 아이
3. 푸드 짱, 마음 짱, 푸드랑 놀자!

홍헬렌송귀
한국푸드표현예술치료협회이사

01 복주머니를 열며

"스펀지 사랑"

편안하며

여유 있고

내공 있는 순발력

외유내강의 보석들

무엇이든 흡수하며

가득히 품고

아낌없이 쏟는

스펀지 사랑

나는 야!

행복한 복주머니

〈복주머니: 두부 · 양파 · 당근 · 브로콜리〉

쏟아진다! 쏟아져!

넘친다! 넘쳐!

쏟아져 내리는 축복과 사랑을 받은 복주머니는 금세 가득 찼다.
그 채워진 것을 비우며 나누는 삶이 내가 진정으로 원하는 행복
한 삶이었다.

그러하기에 하늘로부터 사람에 이르기까지 이때껏 받아온 복
㈜을 세어 보노라면 살아온 숫자보다 몇백 배는 훨씬 넘쳤으
리라.

그런데도 내 안에 목마름으로 안달하는 모습 또한 나였다.

그렇게 많은 복이 채워지면 비우리라는 마음과는 달리 가득히
찬 주머니를 움켜잡고 혹여 쏟아져 내릴까 안간힘을 쓰고 있었
다. 주머니가 바닥일 때는 한 개만 채워져도 가슴 뭉클했으나
곧이어 목까지 차오르자 꾹꾹 눌러 주머니의 끈을 바짝 묶어버
렸다. 이렇듯 아이러니한 나는 도대체 누구일까?

마치 뽀얀 두부를 으깨어 물기를 빼면 손 안에서 마음대로 조
형 활동이 가능하고 포근함을 느낀다. 그러다 꽉 움켜잡아 힘
을 주면 바로 낱알로 부스러져 산산이 두부 부스러기가 되기도
한다….

이처럼 반평생을 넘게 살아온 나에 대한 탐색은 지금도 계속되고 있다.

아들러는 프로이트의 심리학이 지배적이던 시대에 그의 의견에 맞서서 상식적이고 건강한 심리학을 주창했는데, 이것이 개인 심리학이다. 우리나라에서는 베스트 셀러로 〈미움 받을 용기〉라는 책 속에 등장해 대중에게 친숙해진 아들러는 긍정의 사람, 용기의 사람, 겸손의 사람으로 불리고 있다.

그의 개인 심리학이 얼마나 상식적이었는지 보여 주는 일화로 "당신의 이론은 너무 쉽고 평범해 상식으로 이해가 가능합니다."라는 질문을 그의 생전에 어떤 기자로부터 받았다.

아들러는 "그렇다면 저는 성공했습니다."라며 심리학이 학술적이고 독단적이어서는 안된다고 생각했었다. 그는 사람들이 살아가는 데 행복하기 위한 기초 학문이 되는 심리학에 대해 되도록 많은 사람이 심리학을 이해하고, 삶을 건강하게 가꾸는 것을 소망했다.

이처럼 아들러의 개인 심리학에서 가장 중요한 개념은 사회적 관심으로 개인의 관심이 자기 안에 머무르지 않고 나아가 사회로 뻗어 가길 바랐다. 자기에 대한 이해와 타인에 대한 이해 그리고 사랑으로 사회에 관심을 두고 함께 나누며 공동의 선을 추구하는 사람이 많아지면 건강하고 행복한 사회가 되지 않을까. 아들러가 주장한 개인 심리학적 관점의 건강한 개인의 행복을 위한 상담 및 심리 치료이론은 삶의 치유예술인 푸드표현예술 치료가 지향하는 바이기도 하다. 이것은 김민용, 김지유가 창시한 푸드표현예술치료가 나를 넘어 너에게로 그리고 공동체의 유익을 위해 함께 나누는 삶과도 일맥 상통한다….

나 또한 개인뿐만 아니라 공동체의 유익을 추구하는 삶을 살고자 했다. 푸드표현 상담전문가로서 '인간은 누구나 온전히 기능하는 완전체로 믿으며 푸드표현활동을 통해 그들 안의 잠재력을 깨워 자기다움을 찾게 하리라' 는 뜻(김민용, 김지유, 2019)을 가지고 여러 사람을 만나고 있다. 그런데 상담사로서뿐만 아니라 그저 사람이 좋아서 그들에 따라 맞추며 살아가던 나를 들여다 보니 자기 이해에 얼마나 무지한가에 부딪혔다. 아니 자신에게는 관심도 없이 그저 앞만 보고 살아왔다. 그렇게 열심히 살았지만, 자신이 과연 무엇을 좋아하는지? 무엇을 원하는지? 또한 무엇을 잘하는지 생각도 못했었다.

그렇다면 나 자신은 상황과 사람에 따라 대처하기에 바쁜 동화의 귀재로만 살았을까. 타인의 욕구와 상황은 온몸의 세포까지도 알아차리면서도 정작 나 자신은 파악이 안됐다. 어쩌면 내가 없는 유령의 존재로 살아온 것일까. 그럴지도 모른다는 생각에 과연 나는 누구일까? 하는 의구심이 올라오곤 했다. 그때마다 나를 알고 나다움을 찾기 위한 탐색으로 몰입해 보았지만, 중도에 포기하고 실패하곤 했다, 그 까닭은 나 자신의 내면 깊은 곳에서 부질없는 생각이라고 떠올리지도 못하도록 자책하는 소리였다. 곧 타인의 삶이 곧 나의 삶이라고 분리되지 못한 나로 살아가는 것이 너무나 당연하다고 여겼기 때문이었다.

여기에 이르자 궁여지책으로 나는 자신의 정체성을 타인에게 비친 내 모습에서 알아보기로 했다. 그들에게 비친 나는 과연 어떤 사람일까? 나를 상대하는 사람이 내 내면의 거울에 비친 나를 더 잘 통찰하고 있을 것이라는 생각에 지인 20인에게 나를 인터뷰했다.

"편안함과 부드러움 그리고 조용하고 여유롭고 느긋한 포용력!"

"차분하고 끈기 있고 내공과 순발력의 외유내강 소유자."

"스펀지 같은 사람."

"무엇이든 흡수하며 가득 차면 오래 머물지 않고 아낌없이 쏟아 흘러내리는 스펀지!"

그들에게 비춰진 나의 모습은 물론 긍정적인 면만을 피드백했다. 그러할지라도 나는 그 말들에 온전히 공감하고 싶었다. 그 순간 행복감이 밀려왔다. 나의 강점을 타인에게서 듣고 보니 수용되는 것도 있고, 수용할 수 없는 것도 있었지만, 그것을 모두 나의 복주머니에 넣었다. 나 자신을 온전히 수용하기로 했다. 하나하나 곱씹으며 그것을 주머니 안에서 숙성시켰다. 물에 흠뻑 젖은 스펀지를 연상해 보며 그 숙성된 것들을 적재적소의 필요한 사람들에게 쏟아내었다. 스펀지처럼 거침없이 받아들이고, 지체하지 않고 아낌없이 쏟아내는 나 자신을 발견하게 되었다.

음식 재료인 두부로 복주머니를 만들었다. 두부는 부스러지기 쉬운 매체이나 손에서 자유롭게 조형 활동이 가능하고, 부드럽고 유연함이 나 자신과 닮았다고 느꼈다. 손바닥 안에서 동그랗게 굴려 빚은 새알들을 복으로 상징하고 주변에 놓았다. 초록 브로콜리로 행운의 네 잎 클로버도 만들어 꽂았다. 하늘에서는 행운들이 쏟아져 내리고 주머니는 그것들로 가득 채워졌다. 볼록하게 팽팽해지면 주저하지 않고 쏟아 내리도록 비스듬히 놓았다. 그래 바로 이거다. 나의 복주머니는 그 속에 무엇이 담겼는지 모른 채 빵빵하게 닫혀 있는 것이 아니라 그것들이 흘러내릴 때 비로소 그 가치를 추구해 가는 그런 모습이었다. 어떠한가? 나의 주머니는 내가 그토록 원하던 일을 충분히 할 수 있는 진짜 복주머니가 되었다.

"슬금슬금 톱질하게~ 복 나와라. 복 나와라~ 우와~~ 쏟아진다! 쏟아져! 넘치도록 흘러내려라!"

쏟아져 내리는 축복과 사랑을 받은 복주머니는 생각하기에 따라 누구나 지니고 있다고 본다. 이 글을 읽는 독자께서도 이미 차고 넘치도록 자신 안에 감추어져 담겨 있는 복주머니의 보석들을 펼치셔서 하나하나 빛을 발할 수 있기를 소망해 본다⋯.
이제 자신을 믿고 바라는 바를 그대로 행하기만 하면 된다.

온전히 기능하는 복주머니로 인해 마음은 다독여지고 힘이 솟았다. 그러자 김밥을 말려고 준비해 둔 단무지와 당근에 나의 시선이 꽂혔다. 단무지의 노란빛은 원초적인 동심의 세계로 들락날락 탐색하게 되었고, 내가 좋아하는 당근의 주황빛 또한 에너지가 되어 도마 위에서 반짝거렸다. 단무지를 채썰기도 하고 곱게 다지기도 할 때면 칼끝으로 새어 나오는 달콤새콤한 냄새가 코끝을 간질거렸다. 그것들을 접시 위에 나란히 펼치니 새싹들이 올라오는 봄 아지랑이처럼 보였다. 칼로 채 친 당근을 빗살무늬를 가지런히 펴서 모으니 노랑 개나리 나무가 연상되었고, 그것을 다시 세워보니 한 그루의 나무가 되었다. 그 중심에는 잘 자란 온전한 꽃이 피었다.

한참을 주시하던 나는 노랑과 주황의 빛깔에서 아침 일출을 연상하게 되었다. 새벽녘 일출하는 태양은 거무스레한 푸른빛 바다를 불그스레하게 물들인다. 서서히 떠오르지만, 어느새 붉어진 둥근 원형의 자태로 바다에 반사되어 우리 가슴에 찬란하고 영롱한 빛을 안겨준다. 태양의 붉은빛이 더 붉고 따뜻하게 보이는 것은 검푸르던 바닷물까지 붉게 물들인 때문이리라. 동이 트면 세상 어디에서도 보기 힘든 멋진 풍경이 연출되고 곧이어 자신의 빛들은 바다를 온통 다 삼켰다.

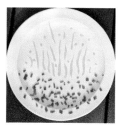
〈아지랑이 싹이 트다〉

〈나무가 되다〉

〈만개한 꽃나무〉

"그래 나는 물이다."

저절로 어떤 물체이든 비춰 물들이는 그 빛은 내 안에서 솟구치던 타인을 향한 마음이 곧 물처럼 되었음을 알게 되었다. 스스로 빛에 반사되어 푸른 바다가 되었고, 붉은 바다도 되었다. 나의 정체성은 바로 내 앞에 선 타인, 내담자를 건강하고 행복하게 성장하도록 돕는 촉진자요 상담자로 즐거워하고 있었다. 푸른 대낮엔 파란 쪽빛처럼 청아한 물이 되었고, 찌푸린 흐린 날에는 회색빛으로, 그리고 붉게 물든 일출과 일몰에서는 붉은 빛을 먹은 물빛이 자연과의 조화를 서슴없이 뿜어내었던 것이었다.

이렇게 푸드 매체는 표현된 작품 안에서 무의식이 심상으로 다가와 치유의 기적을 낳고 에너지가 되었다. 푸 · 놀 · 치(푸드와 놀면 치유의 기적이 일어난의 줄인말.) 마음 여행은 상담 현장에서 촉진자의 전문성과 자신의 근성을 따라 내담자와 춤춘다. 나는 여기에서 내담자 안에서 숨겨 잠자고 있던 보석들이 복주머니처럼 술술 풀어지리라는 믿음으로 나눈 몇 가지 이야기들을 나누고자 한다.

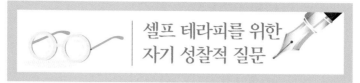

셀프 테라피를 위한
자기 성찰적 질문

1. 가까운 사람들은 나를 어떤 사람이라고 하나요?(긍정표현)

   그 표현에 대해 나는 어떤 생각이 드나요?

   어떤 느낌인가요?

   ----

2. 나를 가장 잘 표현할 수 있는 푸드는 무엇인가요?

   어떤 점이 나를 닮았나요?

   그 푸드로 나를 표현해 보아요.

   그리고 "나는 ___이다."고 말해봅니다.

   ----

3. 자신에 대해 긍정적인 명상을 해봅니다.

   ----

02 행복을 먹는 신명난 아이

8월의 무더운 여름 방학 날, 긴급 보육으로 6살 유아 한 명이 등원했다. 나와 누리(유아의 가명)는 티라노사우루스 공룡 노래를 부르며 징가 탑 쌓기 게임도 하면서 놀이 욕구들을 분출하였고, 역할을 바꿔가며 소꿉놀이도 하였다. 점심 식사 후 더운 여름의 기운을 식히려 냉장고 앞을 서성이던 나는 시원한 자연 놀이감(음식물)이 생각나서 냉장고 문을 열었다. 하얀 두부 한 모가 맨 앞에 자리하고 있어 접시에 꺼내 담았다. 그 뽀얀 물체를 손 위에 올려놓으니 두부의 물기가 시원하게 느껴졌다. 자연 장난감으로 말랑말랑하게 느껴지는 촉감이 손 안에서 마음대로 변형하기에도 손색이 없어 좋아 보였다.

간식시간에 푸드표현 놀이 경험이 있던 누리는 그 놀이가 연상되었는지 내게로 다가와서 흥미를 보였다. 둘은 손을 깨끗이 씻고 두부를 반 모씩 나눠 가져 각자의 손바닥 위에 올려놓았다.

"눌러 봐도 돼요?"

"그럼, 물론이지."

누리는 시원하다며 꾹꾹 눌러 보고 부스러뜨리며 으깨면서 놀았다. 흘러내리는 물기를 빼주려고 고사리손 위에 내 손을 포갰다. 두 손가락 사이로 흐르는 물줄기에 오줌 같다며 깔깔대고 웃었다. "누구 오줌이야?"하면서 우리는 웃어댔다. 두부를 꾹꾹 눌러대며 보슬보슬해질 때까지 손으로 만지면서 머리를 맞대고 신나게 놀았다.

부스러진 두부 낱 알갱이들을 동그랗게 뭉쳐서 파랑 색종이 위에 가지런히 올려보았다. 다시 덩어리로 뭉친 대여섯 덩이를 이곳저곳에 펼쳐놓았다.

〈계단 위로 오르는 사람과 구름〉

〈무너지는 계단과 구름〉

"구름이다!"라고 누리가 말했다.

"구름이 그늘이 되었네. 시원하겠다!"

파란색 도화지 위에 올려진 두부는 시원하고 멋진 구름처럼 보였다.

"두부 반 모가 남았네."

나는 누리의 시선을 끌고자 도마 위에 올려놓고 네모 모양으로 두부를 썰어 가지런히 쌓아 올려보았다.

"도와줄래?"

"계단 만드는 것이에요?"라고 물었다.

"빙고! 우리 친구 진짜 똑똑하고 멋지네! 그렇게 보여?"

신바람난 누리는 사람들이 더 높이 올라갈 수 있도록 두부를 차곡차곡 엇비슷하게 쌓으며 튼튼한 계단을 만들어야 한다고 연신 중얼거렸다.

계단 위에는 사람들이 오르락내리락하면 좋겠다고 깍두기 모양의 네모로 사람을 만들었다. 계단 사이사이로 사람들을 올려놓기도 하고 그 아래에도 사람들의 무리를 모아 보았다. 하늘까지 닿을 듯 신나게 올라가는 깍두기 모양의 두부 사람들을 이리저리 옮겨 보았다. 시원한 두부가 주는 촉감에 시간 가는 줄 모르고 신나게 이야기를 짓고 상상의 나래를 펴 가던 누리는 해가 지고 구름도 땅으로 내려가는 저녁이 되었으니, 이제 두부 계단도 힘들 것이라고 했다.

"너무 많은 사람이 계단을 올라가서 두부 계단이 허물어져요!" 라며 사람들도 피곤할 테니 모두 집으로 가서 쉬게 하자고 했다. 우리도 계단을 새로 고쳐보면 어떠냐고 제안했다. 누리는 지칠 줄 모르는 이야기 마법사가 되고 건축가가 되었다.

이번엔 무너진 계단을 한 둘씩 모아 보니 사다리가 만들어졌다. "이 사다리를 타고 올라가면 무엇이 있을까?"

"천국이요".

의아한 대답에 다시 물어보니 할아버지를 만나고 싶다고 했다. 최근에 누리의 외할아버지께서 갑자기 사고로 돌아가신 일이 생각났다. 엄마에게 할아버지가 보고 싶다고 했더니 우리가 즐겁게 살면 하늘에서 보시고 기뻐하실 것이라고 했단다.

"그럼 우리 이 사다리 타고 올라가 볼까?"

"할아버지 만나러 갈 수 있어요?"

"그러네. 우리 친구 할아버지 계시면 인사하고 올까?"

누리는 얼른 옆에 있던 잡지를 보더니 "이거 가위로 잘라도 되어요?" 하고 물었다.

알록달록한 부분을 골라 찢어낸 잡지는 어느새 하트 모양이 되었다. 고사리손으로 뚝딱 접어 환한 모습으로 내게 건넸다.

"하나 더 만들어도 돼요?"

"물론이지. 두 개나 어디에 쓰려고?"

"한 개는 원장님, 또 하나는 할아버지 것이에요."

〈무너지는 계단과 구름〉

〈나비와 천국 사다리〉

누리는 하트 두 개를 뚝딱 만들었다. 나에게는 자신과 재미나게 놀아줘서 고맙다고 했다. 고사리손과 가슴이 합해진 순수한 사랑에 가슴이 찡했다.

"하트 두 개를 포개면 나비가 되어요."

누리는 이어서 "원장님, 나비는 멀리 날아가니 할아버지 계시는 천국에 갈 수 있겠지요?"

나비가 하늘 높이 올라가서 할아버지 만나고 왔으면 좋겠다며 미소를 지었다. 고마운 나비에게 꽃도 만들어 준다며 네모 모양으로 접기를 하더니 어느새 꽃잎 하나를 나비 옆에 놓아주었다. 할아버지 생각이 난다며 눈물을 글썽이던 누리는 사다리와 나비와 꽃의 이야기로 할아버지를 추억했다. 나는 누리를 꼭 안아주었다. 누리는 낮잠 시간이라며 잠자리로 가면서 두부를 힐끔 쳐다보았다. "두부전 해주세요. 맛있겠다!"라며 잠자리에 들었다.

"그래. 꿈나라에서 사다리 타고 올라가 할아버지도 만나보렴." 나는 혼잣말로 속삭였다.

음식 재료를 이용하여 몸과 마음의 조화를 찾아가는 푸드표현놀이는 몸의 오감이, 즉 보고, 듣고, 만지고, 맛보고, 냄새를 맡는 감각을 활용하여 새로운 것을 발견하고 세상과 접촉하며 미지의 세계를 탐색해 나간다. 이러한 감각적 방법들은 우리가 자신을 경험하고 세상을 접하는 방식이며, 우리 자신이 온전하게 감각적으로 깨어있음을 알아차리는 시간이다. 프리츠 펄스(Perls)는 우리가 생각을 버리고 감각으로 돌아온다면 많은 지혜와 힘을 발견하게 된다고 말했다.

피아제에 따르면, 아동의 사고는 동화와 조절의 두 가지 과정을 통해 발달해 나간다고 했다. 우리가 어떤 사물에 대해 알고 있는 정보들, 예를 들어 딱딱한지. 부드러운지, 말랑거리는지, 푹신한지, 매끄러운지, 까칠까칠한지, 둥근지, 각이 졌는지 하는 물리적인 지식은 우리의 감각이나 신체활동의 내재화를 통해 가능하며, 사회적 상호작용은 다른 사람과 접촉하며 아이디어의 교환을 통해 사회적 지식을 획득하는 과정을 거쳐 인지가 발달한다고 했다.

이때 푸드표현 예술치료는 오감의 자극을 통해 정보를 습득하면서 창의력과 상상력을 길러 주는 역할을 하게 된다. 그리고 새로운 환경과의 접촉을 통해 자연스럽게 동화와 조절의 적응과정이 조화와 균형의 심리적 평형상태를 맞추게 도와 준다.(김민용, 김지유, 2019).

짧은 시간 신나는 푸드표현 활동놀이를 하며 누리는 기분 좋은 시간을 보냈다. 음식 매체는 자연 놀이감으로 창의 융합적 사고 확대로 이어져 거침없는 느낌 그대로를 질문하게 되며 언어로 술술 풀어냈다. 누리는 함께 놀이하는 나에게 자신의 감성이 가득 담긴 하트 종이를 접어 사랑의 마음을 선물했다. 할아버지를 생각하는 마음은 사다리로 오르내리는 나비의 자유로움으로 표현했다. 나비가 삶과 죽음을 오르내리는 상상을 통해 할아버지를 잃은 슬픔과 단절감을 정화할 수 있었다. 작품 속 가상의 인물들에게는 자신의 다리가 아팠던 상황을 연상하며 시원한 구름을 이리저리 놓아주는 타인이해의 성찰을 자연스럽게 볼 수 있었다. 놀이 후의 두부는 건강한 식품으로 맛있게 먹을 수 있었고, 몸에 체화되어 행복한 에너지원이 되었다. 자신이 만지고 느껴보아서 이미 뇌에 흥미롭게 입력된 놀이 매체들이기 때문에 호기심과 더불어 잘 먹게 된다.

그럼에도 불구하고 보통 아이들이 간식시간과 세 끼 식사시간에 늘 만나는 음식으로 전쟁 아닌 전쟁을 치르기도 한다. 부모님들은 건강에 대한 필요와 기본적인 요구이지만, 아이들에게는 지나친 요구일 수 있다. 보육현장에서도 보육교사들 또한 아이들의 식습관을 지도하고자 힘써 노력과 정성을 기울이지만 급식 시간이 만만치는 않다. 특별히 이 시기에는 친숙하지 않거나 자신이 좋아하지 않는 음식 재료에 대한 거부감인 네오 포비아를 만나게 되며 어찌하다 기싸움으로 발전하게 되고, 주도권 싸움으로 번지며 절제되지 않은 심리. 정서적 침범으로 아동학대에까지 이르게 된다.

불식간에 생기는 이러한 일들을 예방하기 위해서도 유, 아동에게 먹거리가 건강을 위한 목적이나 수단으로만이 아니길 바란다. 푸드표현 놀이를 활용한 음식 재료를 탐색하는 과정에서 유, 아동들이 거부하였던 음식 재료의 맛과 냄새에 친숙해지면서 식품의 공포증인 네오 포비아는 어느새 사라지고 즐거운 먹거리 시간으로 맞이하게 된다.

푸드표현 놀이를 통하여 유아는 음식 매체와 친숙하게 되며, 이때 오 감각의 활성화로 자극된 뇌는 거부감 있는 식품들과 친숙하게 되어 편식예방에도 도움이 되고 있었다. 그것뿐 만 아니라 자율적인 유아 자신의 주도적 놀이 구성으로 자존감과 자기 효능감이 상승하였다. 타인과의 상호작용이 촉진되고 흥미진진하게 되면서 촉진자와의 자연스런 연결은 사회 친화성과 독창적이고 창의적인 문제해결력이 높아졌다, 언어에서도 자연스럽게 오고 가는 표현들은 온전히 기능하는 한 인간의 잠재력을 맘껏 발휘하게 되고 창의융합 사고력 확장에 도움이 되었다. 이듬해 무더운 어느 여름날 누리는, "원장님. 두부 놀이 하던 거 생각나요? 그때 정말 재미있었는데..."라며 내게로 다가왔다.

뽀얀 빛깔의 두부를 손 위에 올려놓으면 마치 세상을 다 잡은

듯하다. 으깨질까 봐 조심스레 보듬으면 아기의 피부살 같은 탄
력도 느껴진다.

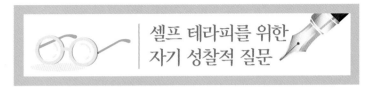

셀프 테라피를 위한
자기 성찰적 질문

1. 어릴 적으로 돌아가 가장 즐거웠던 때는 언제인가요?

    그때가 왜 즐거웠는지 생각해 보아요.

    _____

    _____

2. 동심으로 돌아가 가장 즐거웠던 놀이가 무엇인지 생각해 보셔요.

    _____

    _____

    어떻게 즐겁게 놀았는지 말해 보아요.

    그 생각으로 기분이 어떠한가요?

    그리고 푸드로 표현해 보아요.

3. 상실의 슬픔을 느낀 일이 있나요?

충분히 애도의 시간을 가지셨나요?

푸드 재료로 그 애도의 마음을 표현해 보아요. 그러면 살리
는 삶이 펼쳐집니다.

03

푸드 짱, 마음 짱,
푸드랑 놀자!

'푸드 짱. 마음 짱, 푸드랑 놀자!'

초등학교 방과 후 교실 프로그램으로 6학년 아이들과 함께할 푸
드표현 예술 활동의 제목이다. 푸드표현 예술치료를 활용하여
아이들의 자신감을 향상시키며 좋은 관계를 통해 사회성을 증
진하는 심리코칭으로 6번의 즐거운 만남을 진행하게 되었다.

'푸드 짱. 마음 짱, 푸드랑 놀자!' 라는 제목을 내가 정했지만 마
음에 쏙 든다. 그동안 함께 하며 콩나물처럼 쑥쑥 자라고 성장
하며 자기답게 변화한 수많은 아이들의 얼굴이 스쳐 지나간다.
이번에도 방과 후 아이들과 잠시 만나겠지만, 푸드표현 심리코
칭을 통해 짧은 시간에도 건강하게 변화하고 성장하는 아이들
의 모습이 기대로 다가온다. 자신감이 쑥쑥 자라나고 자기다운
삶을 살아가는데 푸드표현 예술치료가 많은 도움이 될 것이라
는 기대감이 크다.

우리 안에는 본래의 자기다워지고자 하는 욕구가 존재한다. 항상성이다. 상담을 하면서 선생님에 대해 적대적이고 친구 관계도 좋지 않아 방황하는 아이들을 만나게 된다. 그런 친구들을 만나면 아이들의 부모에 대해서도 생각하게 된다..

오래전에 읽었던 〈흔들리는 부모 방황하는 아이들〉이란 책이다. "문제 아동은 없습니다. 단지 문제 부모가 있을 뿐입니다."라는 연세대학교에서 학생들을 가르쳤던 이성호 교수의 자녀교육에 대한 수필이다. 오래전이나 지금도 부모들에게 자녀를 어떻게 키워야 하는지에 대해서는 숙제이다. 정답도 없다. 나 또한 두 자녀를 키워 출가를 시켰지만 쉽지 않았다. 부모 역할에 늘 부족한 부모였지만 너무도 잘 자란 나의 아들, 딸에게 그저 고마울 따름이다.

이화여대 교수를 지낸 이어령 교수가 언젠가 이런 말을 한 적이 있다. "그 흔한 자동차를 운전하는 데도 자격증이 필요합니다. 그런데 부모가 될 때는 준비 없이 되는 경우가 많습니다." 얼마나 적절한 지적인가. 나 또한 부모 자격증을 갖고 있진 않다. 그러나 나는 사랑이란 묘약을 늘 상비약으로 준비하고 나의 아이들을 키우려 애썼다. 그러함에도 그것이 온전한 사랑이었을까?

지금에 와보니 새롭게 성찰하게 된다.

그런데 이 프로그램의 첫 만남에서 특별히 나의 관심을 끈 한 학생이 있었다. 반항적인 태도를 보이는 그 학생을 보며 부모나 주 양육자라면 그런 학생에게 바른 훈육을 어떻게 할까 고민을 해보았다. 이제부터 그 학생의 이야기를 하고자 한다.

봄이(가명)라는 그 친구는 은유적인 자기 표상으로 별칭 짓기를 하는 첫 시간에 자기 별칭을 가느다란 펜으로 '없음' 이라고 적었다.

촉진자로서 나는 자신을 표현할 수 있는 어떤 것이라도 생각해 보고 그림이나 단어로 써보라고 하자, 이번에는 '망함' 으로 별칭을 지었다. 첫 만남에서 아이들과 신뢰감을 형성하는 시간이라 봄이가 지은 '없음' 과 '망함' 의 결정을 수용했다. 첫 수업을 계속 진행하면서 끊이지 않는 관심은 그 친구의 심리적인 어떤 방어기제일까? 자신에 대한 개념의 불확실? 그것도 아니면 관심 유도? 어떻든 아무것도 표현하지 않은 것에 마음이 갔다. 그렇지만 봄이에게는 6회기를 진행하는 동안 자신에게 가장 잘 어울리는 다른 별칭으로 바꿀 수 있다는 여지를 알렸다.

이어진 자기소개 시간에 친구들에게 "제 별명은 '망함' 입니다."

라고 짧게 소개하고 끝냈다. 녀석의 뚝심이 맘에 들었다.

이어서 꼬깔콘 끼우기로 순발력과 유연성을 확장하며 자기 몸의 소중함을 다뤄 보는 활동이다. 울퉁불퉁 제멋대로 생긴 꼬깔콘, 누가 빨리 많이 끼울까. 제멋대로 생긴 꼬깔콘은 내 마음대로 하고 싶은 대로 통제되는 재료가 아니다. 이 시간은 아이들의 순발력과 유연성을 지켜보며 자신을 어떻게 조절하고 통제하는지를 알아보는 시간이다. 구부러지고 입구가 작은 꼬깔콘을 순간 파악하며 손가락에 끼워야 하는데 이것이 내 맘대로 되지 않는다. 우리는 어른이 되어가며 이런 상황을 접하게 된다. 이때 이 상황에서 어떻게 문제해결력을 지혜롭게 발휘할 것인가가 이 푸드표현 활동 작업 속에 숨어 있는 알아차림이 되는 것이다.

가장 힘세고 으뜸이 되는 엄지손가락에는 마음대로 끼워지지 않았다 이 손가락 저 손가락으로 옮기던 아이들은 약지와 새끼 손가락으로 쌓아 올리면서 신나게 놀았다. 그중에서 '망함' 이 별칭인 봄은 다섯 손가락에 골고루 끼우면서 다 끼웠다고 환호했다. 살펴보니 손가락이 모두 고르게 예쁘고, 꼬깔콘들이 그야

말로 마법의 모양을 하고 있었다.

"와~~정말 잘했구나." 나는 손을 들어 '망함'의 예쁜 손을 모든 친구가 볼 수 있도록 들어 올렸다. 쏟아지는 환호에 봄의 손이 반짝반짝 빛나 보이고, 얼굴도 반짝이는 듯 보였다.

"선생님이 전에 외국의 유명한 잡지에서 매니큐어 칠한 아름다운 손 모델을 보았는데, 우리 봄이 손도 비슷하게 가느다랗고 예쁘네. 네 손을 보니 그 손 모델이 생각났어." 봄의 눈이 순간에 반짝이며 빛이 났다. 자신의 신체 한 부분에 대한 존재감에 희망이 보였다.

"저도 손 모델 할래요." 처음으로 듣는 긍정적인 대답이었다.

두 번째. 자신의 강점 찾기에서 강점을 보석으로 명명한 '내 안에 숨어 있는 보석 캐기'였다.

"제 강점은 '아이들을 패는 것'이에요." 봄이가 나에게 살짝 말했다.

"와~ 그래? 놀랍다, 그러면 혹시 그런 기회가 주어진다면 누구를 패주고 싶니?"

"아무나 패주고 싶어요."

"그럼, 누구부터 패줄까?"

"OOO이요."

"또 누구?"

"OOO 선생님요".

"좋아, 또 누구 있어?" "다 말해 봐!"

그 친구는 피식 웃는다.

"우리 친구가 그런 사람 다 패 주고 싶을 만큼 속상했구나?"

"뭐 그렇죠. 뭐….."

마음속에 속상하거나 화날 때 선생님에게 말해 줄 수 있니?"

"왜요…?"

"그럼 나중에라도 말하고 싶을 때 해 봐. 선생님이 너를 도와줄게."

봄은 나를 물끄러미 바라보더니 피식 웃어 보였다.

"봄이가 잘하는 것 하나만 더 말해 볼래?"

"운동이요. 저는 힘이 세거든요." 씩씩하게 이번엔 큰 소리로 말했다.

"운동도 잘하고 힘도 세다고? 그럼 보석이 두 개나 있네. 이 보석들로 너를 위해 무얼 하면 좋을까?"

"저는 힘이 세니까요, 레슬링 선수 할래요."

봄이는 깡마른 체격에 혈색이 없는 얼굴이었다. 힘도 없어 보이는데 레슬링 선수가 되고 싶다고 말하니 의아했지만,

"레슬링 선수하려면 체력관리를 잘해야 하는데 운동 뭐 잘해?"

"저 육상 잘해요."

"좋아! 그럼 그렇게 능력을 키워보자고…" 말하면서 친구를 바라보았다. 그 눈빛은 예전에 보이지 않았던 편안함과 안도감이 보였다. '패고 싶다' 라는 욕구 표출에 대해 어떤 판단이나 조언을 하지 않고 봄이의 마음을 있는 그대로 수용하니 어느새 자신의 내면 욕구가 충족되었을까. 그 몇 마디에 스르르 녹는 친구를 보며 안쓰러움이 올라왔다.

〈소금색채화-농장에서 잘 익은 사과〉

사 과

윤 동주

붉은 사과 한 개를
아버지 어머니
누나 나 넷이서
껍질째로 송치까지
다~ 노나 먹었소.

다음 회기에서는 자신의 감정을 표현하는 색으로 파스텔 색소 금화를 표현하게 되었다.

봄이는 빨강과 초록색 파스텔을 골랐다. 빨강과 초록을 선택한 이유를 묻자,

"그냥."

우두커니 앉아 있더니 다시 몸을 바로 세웠다.

처음에는 빨간 소금과 파란 소금을 따로 분리해 놓고 무엇을 할 지 모르는 듯 멍하니 바라보기만 해서 파스텔로 전지 위에 마음 대로 그려보라고 했다. 그러자 소금을 쏟더니 문질러서 빨간 색 소금을 만들었다. 초록색 파스텔도 도화지 위에 칠을 하고 조금 전처럼 문지르더니 초록색 소금이 되었다. 친구는 빨간색 소금 과 초록색 소금을 다시 지켜보았다. 나는 빨간색과 초록색을 고 른 이유나 감정을 물어보았으나 별말이 없었다.

조금 후에 종이를 흔드는 작업을 시작으로 어떤 형태가 보이는 듯했다. 흰 도화지 위에 빨간색 소금과 초록색 소금을 조금씩 더 흔들어 대니 동그마한 사과 같은 모양이 초록, 빨강으로 섞 였다. 친구는 멈칫하더니 동그라미가 되었다고 내게 보여 주면 서 환히 웃는 것이 아닌가? 빨갛고 초록이 겹쳐져서 둥근 사과 가 된 것 같다고 했다. 각자 분리되어 있던 초록색 소금과 빨간

색 소금이 동그란 모양으로 조화를 이뤄 불그스레한 사과가 된 것이 자신도 신기한 듯 놀라워했다.

사과 같은 모양이 만들어진 것에 너무도 기뻐하는 그 친구에게 사과를 창조해 낸 창조적 능력을 갖춘 자라고 격려와 칭찬을 하고 서로 큰 기쁨을 나누었다. 환히 미소를 짓던 봄이는 얼른 초록 색소금으로 사과 위에 초록 잎사귀를 만들어서 과수원에서 방금 따온 것 같은 싱싱한 사과에 무척이나 흡족해했다. 만들어진 사과를 보더니 자기가 만든 푸드표현에 대해 신기해하며 자신감이 충만해 보였다.

"와, 천재 같은데? 색깔 선택이 탁월해. 그렇지?"

"네. 좀 그렇긴 해요."

의욕이 없고 무기력해 보이던 친구는 자신의 작품에 나타난 색감이 너무 신비롭다며 완성된 꼭지 위에 붙여진 사과를 보고 푸드는 너무 재미있다면 흥미로워했다.

"멋진 이 사과로 뭐 해볼 거야?"

"... 그냥 볼래요"

봄이는 드디어 자신이 아무 생각 없이 흔들어 대던 종이에서 신기하게도 사과 작품이 표현된 것을 보면서 자신의 창의성과 색감의 조화로운 변화에 대해 흥미로워했다. 고흐의 해바라기 작품을 대하듯 오묘한 표정까지 지었다. 나는 상담사로서 봄이의 장래 모습도 이 사과처럼 처음에는 아무것도 보이지 않지만, 그 조그마한 선택과 동작에도 이렇게 훌륭한 작품이 된 것처럼 봄이도 끝까지 노력해보자고 하였다. 준비한 푸드 재료인 사과를 상품으로 주었더니 전에는 먹는 것에 관심을 보이지 않던 봄이가 사과를 맛있게 먹었다.

봄이는 이후 회기부터는 푸드매체 고르는 자기 결정권과 표현하는 것에 몰입하며 즐거운 푸드 놀이 활동의 자기 주도자가 되었다. 뿐만 아니라 스스럼없이 표현활동을 하면서 자신의 내면과도 소통하며 표현된 작품에 심미감도 불러일으키는 언어적 구사도 하였다. 옆 친구와 서로 자랑하며 앞으로 영어도 열심히 공부해서 미국도 가고, 손 모델도, 레슬링 선수도 되어 세계무대에도 나가고 싶다는 꿈도 나눴다. 존 고다드의 꿈이 기록되어 이루어진 것처럼 봄이의 마음에도 그 꿈이 차곡히 기록되고 실행되길 소원해 본다.

〈봄이의 밝은 미래〉

　'아이는 온 마을이 키운다.' 라는 속담이 있듯이 봄이에게도 주양육자의 마음으로 진성성있게 돌보는 한 사람이 필요하다. 그 한 사람의 지속한 만남으로 소우주인 봄이의 인생이 자신의 역량을 다 발휘하고 변화되는 것을 지켜볼 수 있으면 한다. 이후로도 그 누군가에 의해 계속 이어지기를 바라는 마음 간절하다. 나는 봄이의 다 표현되지 못한 발랄함을 노랑 접시로 골라보았다.

보랏빛 콜라비로 굵은 채썰기를 하여 차곡차곡 쌓아 올려보며 그것은 봄이가 만나는 학교와 친구 그리고 선생님들일 수도 있겠다고 생각했다. 모두가 같은 마음으로 한 생명을 위하여 사랑을 가질 수 있다면 바로 보랏빛 콜라비, 그 자연스러움이 조금은 투박해 보여도 참으로 아름다운 꽃이 될 것이다. 그 꽃을 맨 위로 올려보았다. 잘 자란 봄이의 모습으로 표현해 보았다. 예쁘게 성장하는 봄이의 모습과 겹쳐진다. 사랑의 에너지를 푸드 표현 속에 담아 봄이에게 전해 본다.

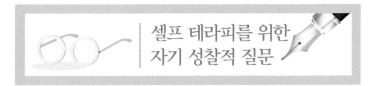

1. 나를 진실되게 공감해 준 누군가가 있었나요?

   그때 내 느낌을 푸드로 표현해 보아요.(만약 없다면 상상을

   해보셔요.)

   ----

2. 내가 사귀고 싶은 친구가 있었나요?

   그 친구의 좋은 점을 푸드표현 해 보세요.

   긍정의 에너지가 전해지며 좋은 메시지가 친구에게 전해질

   거에요.

3. 가족이나 주변인과 다퉈서 속상한 적이 있었나요?

그때 어떤 모습(행동. 말) 때문에 가장 화가 났나요?

화가 났던 내 마음을 푸드로 표현해 보아요.

그 친구와 화해하고 싶은 마음이 든 적이 있나요?

그런 마음을 푸드로 표현해 보아요.

Thank you note
감사의 글

"내 인생의 주인공으로 다시 서기 위해
요리하는 '자존감'"

　　　　어느새 60년 가까운 인생의 마라톤을 달려왔습니다. 지금까지 그렇게 큰 탈 없이 살아온 것에 대해 감사하고 또 감사합니다. 그러나 5년 전 있었던 자동차 사고는 제 인생에 큰 변화를 가져왔지요. 인생 마라톤을 멈추고 지금 이 순간 살아 숨 쉬는 것에 감사하는 마음을 갖게 하는 제 삶의 큰 변화이고 성장의 시간이었습니다.

경주마처럼 달리며 강의로, 상담으로 노후를 위한 사업으로 앞만 보고 뛰어가던 저의 삶은 교통사고로 멈추었고, 긴 어둠의 터널을 통과하며 지속적인 신체적 고통과 심리적 충격으로 인한 트라우마로 힘든 시간을 보내야했으니까요.

4년 가까운 시간이 지나며 고통이 선물 같은 신비로 다가올 무렵 또 다른 반갑지 않은 손님이 찾아왔습니다. 두통과 어지럼증인 사고 후유증이 드디어 멈추었을 때의 기쁨, 이제는 몸이 정상적으로 기능한다는 것을 느끼며 새롭게 출발하려는 시점. 다시 예전처럼 달리려던 제게 찾아온 갑작스러운 허리통증은 밤새 안녕을 경험하는 시간이었습니다.

설상가상, 코로나19 바이러스에 감염되어 뇌가 정지하는 듯 너무도 극심한 온몸의 고통으로 두 달을 살아내야 했습니다. 기본적인 생존(잠자고, 배설하고, 물만 마시고) 이외에는 아무것도 할 수 없는 심한 아픔을 겪고 나니 지금 이 순간에 살아 숨 쉬고 움직이는 것이 정말 소중하며 값진 일이라는 것을 더욱 감사한 마음으로 느끼게 됩니다. 더하여 내손으로 내 몸을 돌보는 것이 얼마나 귀하고 감사한 일인지 새삼 다시 깨닫게 됩니다.

그동안 심리치료사로, 선생으로, 강사로 일하며 몸보다는 머리로 너무도 바쁘게 살아온 것이 제 삶의 모습이었습니다. 이런 저를 강제로 멈추게 한 사고와 질병의 고통은 제 삶을 앞으로는 다르게 살아보라는 메시지였으며 그로 인해 스스로를 통합적으로 치유한 경험을 얻게 하였습니다. 푸드표현예술치료활동을 할 때의 푸드표현 매체는 자연에서 얻어진 수확이 대부분이었죠. 자연스럽게 자연으로 초대되어 땅과 접촉하며 흙 위에 서게 한 시간은 순간의 소중함과 저에게 엄청난 치유와 성장의 시간으로 연결되어 행복을 선물받은 시간이었습니다.

50여 년 동안 콘크리트와 보도블록 위를 걷던 시간들을 지나 아픔을 겪는 과정에서 자연스럽게 초대된 흙과 친해지는 시간들이 선물처럼 주어졌습니다. 땅에 발을 디딘 채 '지금 이대로가 좋아. 그래 이제 됐네.' 라고 제 마음에게 속삭이는 소리를 들으면서 저는 흙을 파고 땅을 밟으며 하루 종일 땅과 땅의 선물인

초록이들과 친해지는 시간을 보내고 있습니다. 때로는 땅을 파다 반갑지 않은 꿈틀이를 만나면 "으악~~~" 소리 지르며 혼비백산 도망치지만 이내 입가에 웃음이 지어집니다. 이제는 점점 벌레들과도 친해지며 움찔 놀라긴 하지만 십리 밖으로 뛰어가진 않지요.

땅과 마주하며 푸놀치 마음여행을 통해 머리는 고요하고 맑아져 몸과 마음, 영혼이 새롭게 깨어납니다. 몸과 마음이 함께하며 몸의 감각이 깨어나자 제 삶을 조절하고 조화롭게 균형을 맞출 수 있게 되었습니다. 지금 이 순간에 감사하며 하루하루 오늘만을 살아가며 지금 여기의 삶에 집중할 수 있었습니다. 땅을 밟으며 물을 줄 때는 물주기만, 초록이들을 바라볼 때는 초록이들만 바라보고, 밥을 먹을 때는 밥 먹기에, 다른 사람들과 대화를 나눌 때는 상대의 말을 듣기에 집중하며 지금 이 순간에 깨어 사는 저를 만나는 기쁨을 누릴 수 있었습니다. 몸과 마음이 함께하며 지금 이 순간에 존재하는 삶을 살아가게 되니 나날이 몸과 마음이 건강해지고, 앞으로 제가 살아가며 하고 싶은 푸놀치 힐링 프로그램도 어떻게 진행해야 하는지 환하게 보이는 듯 기분이 편안해지고 평화로워졌지요.

몸과 대화하며 마음을 알아차리는 시간 속에 땅과의 접촉은 지
구와 연결되며, 지구촌의 반대편에 있는 사람들과도 온 우주와
도 연결되는 듯한 신비로운 경험을 하게 되지요. 제 안에 저장
된 무한의 에너지가 지금까지 와는 다르게 확장되는 창조적인
신비를 선물로 받는답니다.

부모에게서 태어나 성인이 되고 독립하기까지 30년의 긴 성장
시간. 저는 저로 사는 것이 아니라 주위의 눈에 환경적인 영향
을 받으며 어느새 '빨리! 빨리!'를 외치는 사람이 되어 있었습니
다. 그런데 가능한 천천히 걷고 천천히 말하고, 밥 먹을 때도 천
천히 씹고 주위를 민감하게 알아차리고 몸의 소리를 들으며 몸
을 돌보고 몸을 존중하는 생활습관의 변화로 이어졌습니다.

삶의 치유예술인 푸드표현예술치료를 일상의 생활에서 표현 활
동으로 이론과 실제가 삶속에 녹아나게 하는 일에 관심을 가지
며 저의 치유에 대한 관점도 달라졌습니다. 밥을 먹을 때 일상
에서 할 수 있는 쉬운 방법으로 통합적이고 전인적인 치료
(holistic medicine)에 관심을 갖고 몸과 마음을 동시에 치유하고
훈련하는 생활 속의 치료에 관심을 갖게 되었습니다.

특히 이번에 겪은 코로나19 감염병. 보이지 않는 바이러스의 공

격에 저의 면역이 무너지며 다른 사람들에게 감염을 시킬까 조심하며 옆에서 돌봐주는 푸우님 외에는 사람들과의 접촉을 전혀 하지 않았었던 두 달 가까이 제 몸은 스스로 알아서 땅과 접촉하며 치유의 에너지를 자신에게 공급해 주고 있었습니다. 우리의 몸은 스스로를 온전하게 건강하게 하기 위한 항상성 (homeostasis)을 유지하는 법을 자연스럽게 알고 있는 것이지요. 건강한 땅의 기운으로 성장한 상추와 쑥갓을 채취해 푸드표현 하면서 상추를 먹고, 만지고 놀면서 제 마음과 몸이 정화되고 건강해지는 치유의 기쁨을 누릴 수 있었답니다.

자연과 접촉하며 자연의 품 안에서 휴식하며 땅의 기운으로 성장한 초록이들과 친구하는 만족감은 오랫동안 잊고 있었던 자연치유의 힘을 알아차리게 하는 감사한 시간이었습니다. 매일 물을 주며 만날 때마다 달라지는 초록친구들과의 대화. 땅과의 접촉으로 느껴지는 평화의 에너지를 음미하는 시간은 참으로 소중하고 감사한 순간입니다.

땅의 치유의 기운을 받고 자란 초록의 채소와 과일들을 만지고 먹으며 푸드표현 활동으로 몸의 감각을 깨워 몸과 마음을 연결시키는 삶, 이 순간이 푸놀치 마음요리 시간입니다.

자연의 선물, 건강을 먹다

살아가는 하루하루 자신의 몸과 마음을 소중히 돌보고 주변의 사람들과 함께하며 의미 있는 시간을 나누는 삶을 살아가는 것이 행복이고 진성한 성공은 아닐까요?

푸놀치 마음요리를 통해 진정한 자신과 만나 위대한 나로 거듭나며 자기 약점을 수용하고, 두렵지만 자신 안의 어두운 면, 자기 안의 나쁜 부분을 피하지 않고 당당하게 받아들이는 푸드표현 상담 전문가들의 용기에 감사하며 박수를 보냅니다.

우리는 푸놀치 마음요리를 통해 자기 효능감이 높은 사람으로 다른 사람들과 선한 영향력을 나누는 삶, 건강한 자존감을 가진 사람으로 함께 합니다. 인생에서 마주치는 어려운 도전 과제들을 피하지 않고 대처할 수 있는 자신만의 능력을 믿고 상황 상황에서 효능감이 높은 태도와 행동으로 살아갑니다. 우리 모두는 푸놀치 마음요리를 통해 날마다 건강과 행복을 먹으며 건강하고 아름다운 나로 당당한 나로 거듭나는 시간을 갖습니다. 푸놀치 활동으로 자존감을 요리하면서...

자존감의 여섯 기둥에서 너새니얼 브랜든 박사가 말하는 '자존감은 그것이 향상되는 과정에서 생각하고, 결정하고, 배우고, 어려움에 맞서 견디는 과정을 통해 생기는 능력'이라는 것처럼, 푸놀치 자존감 요리를 하며 우리의 자존감도 쑥쑥 성장되리라 봅니다.

그래서 우리의 인생길, 긴 마라톤을 달리며 자신의 몸과 마음에 맞는 속도로 자신을 잘 돌보고 책임지며 어떤 상황에서도 자기 스스로의 자신의 존재를 잘 감당하고 자신이 선택한 삶속에서 함께하는 사람들을 돌보고 책임을 지겠다는 자신과의 약속을 실천하는 사람이라는 것을 믿습니다.

너새니얼 브랜든 박사는 자기책임을 실천하려면 자신의 욕구를 살펴보고 성취할 책임을 져야함과 동시에 자신이 한 선택과 행위에 책임, 의식적으로 깨어 일할 책임, 타인과 관계유지와 내

의사소통에 대한 책임, 내 시간의 우선순위를 정할 책임, 나의 배우자, 자녀, 친구, 동료, 고객을 대하는 내 태도에 책임을 져야 한다(2015)고 말했지요.

특히 저는 너새니얼 브랜든의 자신의 인생과 행복에 책임을 져야 한다는 말에 적극 공감하고 동의합니다. 내가 행복하면 나의 행복한 에너지는 내 안에서 흘러나와 주변을 행복으로 물들이고 다른 사람들에게 전달되며 지구의 반대편으로 번져갑니다. 〈행복은 전염된다!〉에서 크리스테키스 교수와 파울러 교수가 한 말처럼 우리 모두는 자신부터 건강하게 챙기고 행복해야 할 의무가 있습니다. 매 순간 지금 이 순간에 깨어 몸의 소리에 마음을 열고 알아차리며, 몸과 마음의 조화로운 삶을 위해 나를 소중히 여기며, 나를 잘 돌보고 나를 우선으로 사랑하며 사랑의 에너지를 주위로 세상으로 나누며 선한 영향력을 함께하는 사람이 되어야 합니다.

한국푸드표현예술치료협회는 15년을 묵묵히 건강하고 아름다운 세상을 만들어 가는데 협력하며 함께해 왔습니다. 따로 또 함께해 주시는 K-FEAT협회 지부장님과 전국에 계신 전문가 선생님들께 감사드립니다. 강산을 넘는 푸놀치 마음여행을 하며 특별히 감사하고 감사함을 전하고 싶은 분들이 계십니다. 교통사고후 트라우마로 힘들어 할 때 우연히 찾아온 영상들은 하늘의 선물이었습니다. 마음의 평정을 찾고 영적성장으로 이끌어주신 최황진라파엘신부님, 곽승룡비오신부님께 감사합니다. 마치 세렌디피티 같아요. 또한 영적인 치유에 대해 깨닫고 사랑의 나눔을 실천할 수 있게 도움주신 박재찬안셀모신부님께 감사드립니다. 특히 미국에서 훈민학당 한국학교를 운영하시며 교포들에게 사랑을 전하고 계시는 원교장선생님께도 감사드립니다. 덕분에 푸드표현예술치료가 미국에도 알려지는 시간을 가질 수 있었습니다. 다음에는 교장선생님과도 함께하며 각 나라에서 푸드표현상담 전문가로 활동하시는 분들과 함께 교포들의 일상을 담은 푸드표현 마음요리 책을 썼으면 하는 바람도 가져봅니다.

미국 뉴저지 훈민학당 한국학교에서 진행한 푸놀치 행복코칭

〈10인10색 마음요리 2, 자존감 요리〉 편을 교정보며 한 분 한 분의 마음을 보듬고 원고를 수정하는 과정이 쉽지는 않았지만 함께하기에 감사하고 보람된 시간이었습니다. 한 마리의 길 잃은 양도 함께하고자 하는 사랑의 마음으로 늦어지는 작가분의 원고를 끝까지 기다려주신 모든 선생님들께 감사드립니다.

푸놀치 마음여행을 통해 세상에서 가장 용기 있는 마음여행을 해낸 우리 모두에게 두 손 모아 공손히 진심으로 감사의 마음을 전합니다. 감사합니다. 사랑합니다.

초록빛이 아름다운 마을 슬로우시티 예산에서 사랑과 감사를 전하며...

치유산타 김지유 올림

참고문헌

초대의 글

너새니얼 브랜든(2015). 자존감의 여섯 기둥;어떻게 나를 사랑할 것인가.
　　교양인.
버지니아 사티어(2012). 가족힐링. 푸른육아.

김민용편

김춘경외 공저(2016). 상담학사전. 학지사.
한국교육심리학회(2000). 교육심리학 용어사전. 학지사.

강민주편

고영복(2000). 사회학사전. 사회문화연구소출판.
어빈 얄롬(2006). 쇼펜하우어, 집단심리치료. 시그마프레스.
Kabat-Zinn, J.,Wheeler, E., Light, T., Skillings, A., Scharf, M.,
　　Cropley, T., Hosmer, D Bernhard, J., "Influenc of a
　　mindfulness meditation-based stress reduction intervention
　　on rates of skin clearing in patients with moderate to severe
　　psoriasisundergoingphototherapy(UPA)and
　　photochemotherapy(PUVA)", psychosomatic Medicine,
　　60(5)(1998),pp.625-632.

곽현숙편

김미경(2007). 꿈이 있는 아내는 늙지 않는다. 명진출판사.

김지유(2020). 푸드표현 공부법. 이담북스.

마틴 셀리그만(2020). 플로리시. 물푸레.

카롤라 슈스터 브링크(2008). 부모 자격증. 학원사.

이경숙편

김민용, 김지유 (2019). 건강하고 맛있는 창의융합 푸드표현예술치료. 창지사.

김오곤 (2021). 12가지 질병을 증상별로 분류한 동의보감 민간요법. 행복을
    만드는 세상.

농촌진흥청 (2020). 농업길술길잡이 호박. 진한엠앤비.

두산백과 피디아 http://www.doopedia.co.kr

도로시 허먼 (2012). 헬렌 켈러 – A Life 고요한 밤의 빛이 된 여인.
    이수영역. 미다스북스.

존 카밧진 (2012). 존 카밧진의 처음 만나는 마음챙김 명상. 안희영역.
    불광출판사.

존 카밧진 (2017). 마음챙김 명상과 자기치유. 김교헌, 김정호, 장현갑공역.
    학지사.

존 티즈데일, 마크 윌리엄스, 진델 시걸 (2017) 우울과 불안, 스트레스 극복을
    위한 8주 마음챙김(MBCT)워크북. 안희영역. 불광출판사.

픽터 프랭클 (2000). 삶의 의미를 찾아서. 이시형역. 청아람.
    [The Will to Meaning] 원전은 1969년 출판

픽터 프랭클 (2017). 빅터 프랭클의 죽음의 수용소에서. 이시형역.
    청아출판사. [Man' ssearch for meaning. N.Y.: Simon & Schuster]
    원전은 1984년 출판.

폴드랑, 강하나, 안경숙 (2015). 헬렌 켈러와 앤 설리번. 작가와비평

이정민편

김민용, 김지유(2019). 건강하고 맛있는 창의융합 푸드표현예술치료. 창지사.
김동기(2015). 인생 3모작과 나. 해드림출판사.
너새니얼 브랜드(2015). 자존감의 여섯기둥. 교양인.
도종환(2012). 꽃. 문학동네.
마틴 셀리그만(2021). 플로리시. 물푸레.
미하이 칙센트미하이(2004). 몰입 flow 미치도록 행복한 나를 만난다. 한울림.
안나 할프린(2002). 치유 예술로서의 춤. 물병자리.
이부영(2017). 분석심리학. 일조각.

최진태편

김선남(2003). 아버지 이야기. 중앙적성출판사.
김영애(2020). 사티어 경험주의 가족치료: 이론과 실제. 김영애가족치료연구소.
최광현(2012). 가족의 두 얼굴. 부키.
Clark, A. J.(2017). 아들러심리학에 기반을 둔 초기 회상 : 상담 이론 및 실제. 박예진, 박상규 옮김. 학지사.
Fox, A.(2008). 나는 왜 나를 좋아하지 않을까?. 장인선 옮김, 뜨인돌.
Satir, V. Banmen, J. Gerber, J. Gomori, M.(1991). The Satir Model Family Therapy and Beyond. Palo Alto, CA, Science & Behavior Books, Inc.
잉글리드 알렉산더, 자비네 뤼크(2018). '대물림되는 가족의 상처를 치유하다' 굿바이 가족 트라우마. 을유문화사.

한명희편

김형석(2016). 백년을 살아보니. 덴스토리.

데이비드 시버리(2020). 나는 뻔뻔하게 살기로 했다. 홍익출판미디어그룹.

레오 버스카글리아(2019). 살며 사랑하며 배우며. 홍익출판미디어그룹.

서상록(2006). 내 인생에 은퇴란 없다. 한국경제신문사.

한은혜편

장인희 (2015), 우울증상이 있는 중년여성의 예술심리치료 사례연구
    -분석심리학적 관점-

윤홍균(2016). 자존감 수업 하루에 하나, 나를 사랑하게 되는 자존감 회복 훈련.
    심플라이프.

박정순(2013), 북한이탈주민 가정폭력 및 사회적차별 경험이 심리사회적응에
    미치는 영향

스에나가 타미오(1998), 마음을 치유하는 컬러 테라피 색채심리

홍헬렌송귀편

김민용, 김지유(2019). 창의융합 맛있는 치료 푸드표현예술치료. 창지사.

알프레드 아들러(2016). 행복해지는 관심-전문가가 읽어주는 아들러
    개인심리학. 리베르.

이성호(1997). 흔들리는 부모 방황하는 아이들. 조선일보사.

감사의 글

니컬러스 크리스태키스, 제임스 파울러(2010). 행복은 전염된다: 하버드대가
    의학과 과학으로 증명해낸 인간관계의 비밀. 김영사.

M. 로젠버그의 자아존중감(Self-Esteem)척도

1. 전반적으로 나는 나 자신에 만족한다.
2. 때때로 내가 완전히 잘하지 못한다고 생각한다.
3. 나는 여러 가지 좋은 자질(장점)을 가지고 있다고 생각한다.
4. 나는 대부분의 다른 사람들과 같이 일을 잘 할 수 있다.
5. 나는 자랑할 것이 별로 없다.
6. 나는 가끔 쓸모없는 사람이라는 생각이 든다.
7. 나는 적어도 다른 사람들과 동등한 입장에서 가치가 있는 사람이라고 생각한다.
8. 나는 나 스스로를 좀 더 존중할 수 있으면 좋겠다.
9. 대체로 나는 내가 실패자라고 느끼는 경향이 있다.
10. 나는 나 자신에 대해 긍정적인 태도를 가지고 있다.

매우 동의(4점), 동의(3점), 동의하지 않음(2점) 매우 동의하지 않음(1점)
10개의 항목별 자신이 체크한 점수를 합산하여

30점 이상 – 자존감이 높은 편
20~29점 – 보통
20점 미만 – 낮은 편

자존감 요리편
10인 10색 마음요리 2

초판인쇄	2022년 08월 29일
초판발행	2022년 09월 05일

지은이	한국푸드표현예술치료협회 전문가 공저
발행인	조현수
펴낸곳	도서출판 더로드
마케팅	최관호 최문섭
IT 마케팅	조용재
교정교열	이승득
디자인 디렉터	오종국 Design CREO

ADD	경기도 고양시 일산동구 백석2동 1301-2
	넥스빌오피스텔 704호
전화	031-925-5366~7
팩스	031-925-5368
이메일	provence70@naver.com
등록번호	제2015-000135호
등록	2015년 06월 18일

정가 18,000원
ISBN 979-11-6338-306-2 13180

〈10인10색의 마음요리2〉는
마음 깊은 곳에 묻어두었던
한 개인의 내면 이야기이자
우리 모두가 공감할 수 있는
모두의 이야기이다.